CONSÉQUENCES

MILITAIRES ET POLITIQUES

DES ARMES NOUVELLES

PAR

Le Baron A. DU CASSE.

PARIS

LACHAUD, ÉDITEUR
4, PLACE DU THÉATRE-FRANÇAIS, 4

1872

1

CONSÉQUENCES

MILITAIRES ET POLITIQUES

DES ARMES NOUVELLES

F. Aureau. — Imprimerie de Lagny.

CONSÉQUENCES

MILITAIRES ET POLITIQUES

DES ARMES NOUVELLES

PAR

Le Baron A. DU CASSE.

PARIS

E. LACHAUD, ÉDITEUR

4, PLACE DU THÉATRE-FRANÇAIS, 4

1872

CONSÉQUENCES

DES

ARMES NOUVELLES

AU POINT DE VUE

MILITAIRE ET POLITIQUE

I

Vers le milieu de l'année 1863, je publiai, sous le voile de l'anonyme, une brochure oubliée aujourd'hui, et qui eut alors un certain retentissement dans l'armée.

Elle était intitulée :

Influence des inventions modernes sur l'art de la guerre.

Ce petit livre avait pour objet l'étude de deux questions principales :

1° La vapeur employée comme moyen de transport pour les troupes ;

2° La transformation des armes à feu et la conséquence de l'adoption de ces armes nouvelles.

La France avait pour ministre de la guerre, en 1863, le maréchal comte Randon, homme excellent, administrateur habile, travailleur infatigable, d'une probité hors de toute atteinte, militaire caractérisé d'une façon plaisante par une note restée célèbre dans l'armée, note qui lui fut donnée par un de ses inspecteurs généraux.

Le maréchal Randon est mort récemment, son ancien inspecteur général vit toujours.

Dans ma brochure, et malheureusement pour elle, je déduisais, entre autres choses, de l'adoption prochaine des nouvelles armes à feu de précision et à tir rapide, *déjà en service en Prusse*, la conséquence d'un rôle nouveau pour la cavalerie.

Or, le maréchal Randon, officier de cavalerie, considéra le rôle nouveau que j'assignais à l'arme où il avait fait sa très-brillante carrière, comme une attaque inqualifiable. Plusieurs généraux et officiers de cavalerie partagèrent son opinion et ce fut un *tolle* quasi unanime, je dois le dire, contre mon modeste travail.

Beaucoup d'officiers généraux et autres d'infanterie prétendirent que le fusil se chargeant par la culasse était une *aberration*, que son emploi était *dangereux, impossible,* etc.

Seuls, quelques officiers d'artillerie furent, tout bas, de mon avis. Aucun, que je sache, n'osa me soutenir. Je restai donc ou parus alors rester *seul*, avec mon opinion.

Le ministre commença par faire rechercher quel était l'individu assez osé pour émettre, sans son autorisation, de pareilles idées, subversives, pensait-il, car elles étaient contraires

1.

aux siennes. Un militaire qui ne craint pas de penser tout haut sans y être autorisé par ses chefs, qui traite des questions spéciales, qui cherche des conséquences pouvant découler d'inventions matérielles. Quel scandale, quel accroc à la discipline?

Je fus prévenu charitablement par un de mes amis, approchant de près le maréchal Randon, d'avoir à bien conserver l'anonyme, si je ne voulais pas être mis en retrait d'emploi. En effet, plus tard, lorsque j'eus quitté l'armée, le ministre m'avoua naïvement qu'il aurait infligé cette *légère punition* à l'auteur de la brochure s'il l'eût découvert.

Ma faute était grande, c'est vrai. Je donnais le premier, à mon pays et aux chefs aveugles de notre armée, un avertissement qui eût pu être utile? Quel crime !

Dans les hautes sphères militaires, on ne fut nullement mis en garde par mon *garde à vous* prophétique.

On ne daigna pas étudier sérieusement les

questions indiquées ; on haussa systématiquement et avec colère les épaules et on attendit maladroitement l'expérience de Sadowa pour changer l'armement de nos troupes.

Le ministre de la guerre, fort mécontent, mais ne pouvant connaître le coupable, prit la détermination de faire combattre à outrance l'insolente brochure. Il fit appel à la meilleure plume de l'armée. Le général de cavalerie Ambert, écrivain du plus grand mérite, requis, courut au galop de charge sur le livre et sur son auteur anonyme. Je fus attaqué vertement dans le *Moniteur de l'armée*, à la direction duquel se trouvait alors un homme d'infiniment de finesse, d'esprit et de bienveillance, M. Fellmann. Ce dernier accepta, sans me trahir, et admit même dans les colonnes du journal ministériel, mes réponses au général Ambert, en sorte qu'il y eut entre mon adversaire et moi une lutte courtoise dans laquelle, je dois le reconnaître, je n'eus pas alors le dessus. Tout le monde semblait me donner tort et ne voir en moi qu'un bourgeois parlant de choses de l'armée comme un aveugle parle des couleurs ; qu'un utopiste absurde ; qu'un novateur des plus dangereux.

Le général Ambert me gratifia de tous ces noms, de toutes ces qualifications. Après cela, je pouvais bien prendre mon parti à cet égard, puisque l'un de nos plus brillants généraux d'infanterie, chargé, l'année suivante, d'une mission en Prusse pour connaître du fusil à aiguille, devait voir son opinion sur cette arme, accueillie avec autant de sans-façon et aussi peu d'intelligence.

Le haut aréopage de leurs excellences nos seigneurs les maréchaux reçut les avis du général envoyé en Allemagne à peu près avec autant de faveur que le ministre avait reçu ma brochure.

La polémique entre le ministère et moi était en pleine activité, lorsqu'elle cessa tout à coup et brusquement du côté de mes adversaires. J'appris bientôt, non sans une certaine joie enfantine et bien innocente, que le maréchal Randon ne pouvant découvrir l'auteur de *l'influence des inventions modernes sur l'art de la guerre*, en était arrivé à considérer cette brochure comme l'œuvre d'un officier, puis d'un général d'artillerie, puis enfin du grand maître de cette arme en France, c'est-à-dire du souverain lui-même.

Ce petit livre, en effet, ne contenait-il pas cette phrase, page 60 :

« *Nous prévoyons pour l'artillerie une prépondérance très-grande et très-fâcheuse, car l'artillerie est l'arme de la destruction.*

Cette pensée audacieuse, de qui pouvait-elle émaner, si ce n'est d'un homme du métier que n'arrêtait nulle considération. Or, quel autre que l'empereur, par la plume de son aide de camp préféré, le général d'artillerie Favé, associé à tous ses travaux de balistique, pouvait émettre une idée pareille ?

Ainsi pensa le ministre. La plume du général Ambert rentra dans son étui et le silence se fit autour de la brochure.

Je m'amusai beaucoup de la sagacité du maréchal Randon et de son conseil; j'en fus ravi, car cela me donnait l'assurance que mon *crime* ne recevrait pas sa trop juste punition.

J'étais alors un simple et fort ignoré chef d'escadron d'état-major, un des plus anciens de mon arme, revenu de la campagne d'Italie quatre ans auparavant comme j'étais parti ; repoussé chaque année du tableau d'avancement par les maréchaux, mon nom n'avait d'autre notoriété que celle s'attachant à celui d'un homme qui a publié une quarantaine de volumes sur l'histoire moderne. Il était donc bien facile de briser ma carrière assez peu brillante et déjà sur son déclin, car, si comme pour le père Aubry de Chateaubriant, mon numéro n'inclinait pas encore vers la tombe, ma personne tout entière s'inclinait vers la retraite.

Le maréchal d'Ornano, dont j'étais l'aide de camp, avait lu, pesé, commenté et finalement approuvé ma brochure, mais il ne m'avait pas

caché qu'elle ne servirait à autre chose qu'à
faire gronder la tempête sur la tête de son im-
prudent auteur. C'est lui qui m'apprit la haute
paternité que, dans les salons du ministre, on
donnait à mon petit livre. — Nous nous per-
mîmes d'en rire ensemble.

Deux années plus tard, ayant pris ma retraite pour entrer à la Cour des comptes, *cedant
arma togæ,* et n'ayant plus à me préoccuper
des foudres de la rue Saint-Dominique, je résolus de reconnaître l'enfant dont j'avais dé-
guisé si heureusement la paternité, alors qu'il
y avait danger à la faire connaître.

Un beau jour je rencontrai le général Favé,
aimable homme avec lequel j'avais été en re-
lation lorsque nous étions tous les deux capi-
taines, lui d'artillerie, aide de camp du président et de l'empereur, moi d'état-major, aide
de camp du prince Jérôme. Je lui racontai
l'histoire de ma brochure; il s'en amusa beaucoup et me pria de la lui envoyer pour qu'il
pût la faire lire à Sa Majesté.

Quelques jours après, je reçus du général la lettre suivante :

MAISON DE L'EMPEREUR   Paris, le 21 février 1865.
(Aide de camp)

« Mon cher Du Casse,

« J'ai lu votre petit livre avec l'intérêt qui s'attache aux questions que vous traitez et avec le plaisir que donnent l'esprit et la vivacité de votre style. Je ne vous ai pas écrit tout de suite ces impressions, parce que je voulais faire connaître votre écrit à l'empereur et vous rendre compte de l'effet produit par vos idées. L'empereur s'en est fait rendre compte avec détail, mais il y en a deux qui ne sont pas conformes à ses opinions, ce sont vos appréciations sur les fortifications de Paris et vos propositions relatives à la suppression des cuirasses.

« Moi je suis d'avis que la lumière accompagne le choc des opinions et que les vôtres sont exprimées avec clarté, avec habileté, avec franchise.

« Tout à vous,

« Favé. »

Malgré l'opinion de l'empereur que le général Favé voulait bien me faire connaître, je gardai mes errements et sur les fortifications de Paris et sur la cavalerie pesamment armée, dite de réserve.

Aujourd'hui encore, malgré le blocus, le double siége et le bombardement de la capitale, ou plutôt à cause de ces divers événements ; enfin, malgré la composition toute récente donnée à notre cavalerie, je crois encore que j'étais en 1863 et que je suis en 1872 dans le vrai en maintenant ce que j'ai dit et écrit il y a huit ans.

Je reviendrai sur ces deux questions, je les traiterai plus loin et plus longuement.

II

Je crus un instant, je l'avoue, qu'il suffirait d'éveiller l'attention des chefs de notre armée, de signaler le fait du nouvel armement prussien à leur haute sagacité, pour les amener à une étude sérieuse, pour provoquer une décision prompte et motivée.

J'oubliais, hélas! que la routine a une influence désolante dans notre beau pays de France. Que notre nation se considère invariablement, depuis des siècles, comme la plus avancée, la plus spirituelle, la plus habile du globe. Quand on a cherché à puiser les leçons de l'histoire, on est bien forcé de reconnaître que, si la plupart des inventions utiles éclosent dans le cerveau de nos compatriotes, la plupart de ces inventions, repoussées systématiquement chez nous, s'en vont enrichir nos voisins et ne nous reviennent que de seconde main, souvent longtemps après leur adoption à l'étranger.

C'est nous que Fulton voulut gratifier les premiers de l'application de la vapeur à la navigation ; c'est l'Amérique et l'Angleterre qui ont profité de cette merveilleuse et scientifique découverte.

C'est chez nous que le premier spécimen du fusil se chargeant par la culasse a vu le jour sous les mains habiles de l'armurier Pauly ; c'est la Prusse qui, la première, a recueilli les avantages de cette arme terrible au détriment du Danemark et de l'Autriche.

La France n'a-t-elle pas été l'une des dernières à abandonner l'armure du chevalier, la pique de l'homme de pied pour adopter la couleuvrine et le mousquet ?

Un fait, encore récent en 1863, me donnait

lieu d'espérer néanmoins que dans les hautes sphères on voudrait bien avoir un certain égard à ce que j'écrivais. Quatre années plus tôt, en 1859, nous avions dû en partie nos succès contre l'Autriche au perfectionnement de notre artillerie de campagne, à notre canon rayé, et à son nouveau projectile.

Mais comme le souverain était ou paraissait être pour quelque chose dans ce perfectionnement, les sommités de l'armée pensèrent, sans doute, que la bouche à feu rayée était le dernier mot, le dernier effort de la science.

Et puis, il y avait encore parmi ces sommités militaires des hommes ayant fait les dernières guerres du premier empire avec le fusil à pierre.

Avec cette arme, disaient-ils, nous avons vaincu l'Europe.

Aussi de combien de lazzis, mon Dieu, fut l'objet le chapitre V de ma brochure, traitant de l'arme à feu portative se chargeant par la culasse !

« Tous les militaires savent ce que deviendrait entre les mains du soldat, s'écriait l'un, le fusil *à tir continu?* Est-ce que vous croyez, disait un autre, que l'on tire sur le champ de bataille comme dans un polygone? » Le *tir continu,* expression sortie de toute pièce de la plume sarcastique, spirituelle, toute française du général Ambert, eut du succès. Je ne fus pas des derniers à la trouver charmante, pleine d'à-propos. Les Prussiens en rirent plus encore que nous.

Je ne pouvais malheureusement appuyer mon opinion à l'endroit des armes se chargeant par la culasse de celle du plus grand homme de guerre des temps modernes, de Napoléon 1er, je ne la connaissais pas alors. Oui Napoléon 1er, sur son lit de mort, à l'île de Sainte-Hélène, quelques jours avant de rendre le dernier soupir, écrivait :

« Des mécaniciens habiles ont fait des es-
« sais pour charger le fusil par la culasse. Ces
« essais n'ont pas encore satisfait compléte-

« ment à toutes les conditions, mais tout
« porte à espérer un bon succès des progrès
« que font les arts chimiques et mécaniques ;
« lorsque ces améliorations seront adoptées, le
« feu sera plus actif. »

Ainsi donc, dès l'année 1822, l'empereur Napoléon 1er prévoyait l'adoption du fusil se chargeant par la culasse.

Voici ce qui, selon toute apparence, aurait donné l'éveil à l'empereur Napoléon 1er, et avait appelé son attention sur les armes à feu portatives pouvant se charger par la culasse.

Au commencement de 1813, le duc de Rovigo, alors ministre de la police, eut connaissance par ses agents qu'un armurier de Paris était l'inventeur d'une arme à feu portative très-curieuse, permettant de brûler, pour ainsi dire instantanément, un nombre considérable de cartouches. Il sut aussi qu'on avait fait des offres à cet armurier pour acheter le secret de fabrication et en faire profiter l'étranger.

Le duc de Rovigo voulut voir cette arme et

le 3 janvier 1813, il écrivit à l'empereur Napoléon 1er la lettre suivante :

« Sire, il existe à Paris, rue des Trois-Frères, n° 4, un armurier nommé Pauly, qui est inventeur d'un fusil propre à l'usage des troupes, qui paraît une découverte extrêmement avantageuse.

« Sur l'avis que j'ai eu qu'on cherchait à lui acheter son secret, je l'ai fait venir et lui ai fait apporter son arme. En ma présence, dans mon jardin, il a tiré vingt-deux coups à balle dans deux minutes. J'en ai été si étonné que je lui ai demandé si le général Gassendi, du comité d'artillerie, avait vu cette découverte. Il m'a dit que oui, mais qu'il n'en entendait plus parler, et qu'il était dans le besoin. J'ai pris alors sur moi de lui demander son fusil que j'envoie au cabinet de Votre Majesté, parce qu'il m'a paru digne de sa curiosité.

« Le sieur Pauly m'a dit que ce fusil ne coûtait pas plus cher que celui de l'infanterie, qu'il pèse un quart de moins, et la cartouche à balle n'est que des deux cinquièmes de celle de l'infanterie. Tous les accidents auxquels le fusil d'infanterie est exposé par la pluie, par l'amorce, etc., sont évités par celui-là. La seule précaution qu'il faut avoir avant de faire feu, c'est de relever le chien au repos avant de le charger. Je demande pardon à Votre Majesté mais l'expérience que j'ai vu faire chez moi, m'a rendu enthousiaste de cette arme, surtout pour les pistolets, qui sont si difficiles à recharger dans la cavalerie. »

Après avoir lu attentivement cette lettre, l'empereur mit au bas : « Renvoyé au duc de Frioul (Duroc, alors grand maréchal du palais) pour faire venir l'inventeur, voir le fusil avec des officiers d'artillerie de la garde, le faire éprouver et en faire un rapport. »

Quelques jours plus tard, le 19 janvier 1813, l'empereur chassant à Gros-Bois, chez le prince de Neuchâtel, on lui montra l'arme de Pauly. Il l'examina, fit remettre une somme de 10,000 francs à l'armurier et attendit, — sans

doute pour prendre une décision définitive, —
qu'un rapport lui fût adressé par les hommes
compétents chargés de l'examen.

Selon toute apparence, le rapport ne vint
pas, le fusil fut oublié ou jugé défavorable-
ment par les officiers d'artillerie et par le duc
de Frioul.

Toujours est-il que l'on n'entendit plus parler de cette invention, reléguée, comme l'application de la vapeur à la navigation, aun om-
bre des utopies par des corps savants qui ne
veulent habituellement permettre à personne,
excepté à eux ou à leurs amis, d'avoir une idée
utile.

Le fusil Pauly est encore à notre musée d'artillerie, et ce n'est pas une des pièces les moins
curieuses de cette magnifique collection. En
voici l'exacte description :

Le canon a 38 pouces 7 lignes (mesures de
l'époque), son calibre est d'un point; il est
rayé en spirale. La culasse du fusil ordinaire
est remplacée par une bascule en fer qui se

lève et s'abaisse sur deux tourillons faisant corps avec le canon, auquel s'adapte une baïonnette en forme de sabre. La cartouche contient 1 gros 32 grains de poudre. La balle, dont le diamètre est supérieur à celui du canon, est maintenue à son extrémité supérieure par le cartouche.

L'inflammation de l'amorce est déterminée par le choc d'un petit piston et par la compression de l'air. Le mouvement de la noix fait avancer ou reculer le piston, qui traverse une pièce de cuir huilée, grâce à laquelle le gaz ne peut s'échapper. La platine et le piston sont renfermés dans le bois. La composition de l'amorce est dans la cartouche, en sorte que cette composition, n'étant pas exposée à l'atmosphère, ne peut se détériorer promptement.

Les avantages de cette arme sur l'ancien fusil sont faciles à comprendre.

Au nombre des ouvriers les plus intelligents de l'armurier Pauly se trouvait, en 1813, un nommé Dreysse, qui comprit l'avantage du chargement par la culasse pour l'arme à feu portative de guerre. Il étudia avec soin le système de son patron, et, un beau jour, bien longtemps après, vers 1844, croyons-nous, il porta aux Prussiens un fusil qu'il donna comme étant de son invention, et qui n'est autre que le fameux système à aiguille, bien distancé aujourd'hui par le fusil Chassepot, les fusils américains, les fusils à tabatière et autres fondés sur le principe du chargement par la culasse et sans bascule.

Dreysse, sujet du roi de Westphalie, Jérôme Napoléon, en 1813, est mort en 1867, à Sommerda, à l'âge de près de quatre-vingt-huit ans, comblé d'honneurs par le gouvernement prussien, à la puissance duquel il a fortement aidé.

Ainsi donc, comme je l'ai dit plus haut, les inventeurs et les inventions sont si peu encouragés en France, que, la plupart du temps, les découvertes faites chez nous profitent d'abord à l'étranger.

Il en fut de Pauly comme de Fulton, qui dut faire jouir l'Amérique et l'Angleterre de sa merveilleuse application de la vapeur à la navigation. La Grande-Bretagne nous a devancés dans la construction des chemins de fer, la Prusse dans l'adoption du fusil se chargeant par la culasse.

Ce n'est pas la première fois, du reste, que la Prusse nous devance dans l'adoption d'une bonne arme ou d'un bon système de guerre.

Cette puissance militaire est la première qui donna le fusil à silex à son infanterie.

Ce fusil, vieux aujourd'hui, jeune alors, avec lequel nous avons fait le tour du monde, de 1800 à 1814, permettait au soldat bien instruit et bien exercé de tirer deux coups tout au plus en trois minutes en se donnant le temps d'ajuster.

Ajoutons aussi que les armées de l'Europe, en retard sur celle de Frédéric, étaient beaucoup moins bien *outillées* que ces dernières. Il s'ensuivit que le grand capitaine prussien put en effet se présenter sur le champ de bataille (de 1756 à 1763) avec une supériorité réelle, en face de ses ennemis, tout comme les Prussiens de 1866 sont arrivés en Bohême avec une supériorité positive sur les Autrichiens, grâce au fusil se chargeant par la culasse ; comme les Prussiens en 1870 sont arrivés sur le champ de bataille avec une supériorité matérielle incontestable sur nous, par leur artillerie de campagne et de siége, puisqu'ils pouvaient envoyer leurs projetiles à mille mètres plus loin que les nôtres, avec plus de précision et en plus grande quantité, leurs pièces se chargeant par la culasse.

Le fusil à silex, pour en revenir à lui, ne fut adopté en France et dans les autres armées de l'Europe qu'en 1777, bien longtemps après celles de la Prusse.

Nul doute que sans les exemples terribles des avantages découlant de l'emploi du fusil se chargeant par la culasse, les anciennes armes eussent été conservées dans les armées européennes, sauf dans l'armée de la Confédération du Nord.

III

En prédisant, dès 1863, que nous allions
être forcés de prendre le fusil se chargeant
par la culasse, franchement, je n'étais pas
bien sorcier, et si quelque chose a lieu d'éton-
ner aujourd'hui, c'est de penser que j'aie pu
avoir des contradicteurs, et surtout des contradicteurs d'un rang aussi élevé. En effet,
lorsqu'une armée régulière adopte un système
d'engins de guerre, supérieur à celui jusqu'a-
lors en usage, il faut bien que tôt ou tard les
autres armées imitent la première. Celle-ci
profite donc plus ou moins longtemps du système qu'elle a eu l'intelligence de mettre en
pratique avant les autres. Toutefois il arrive

un moment où, malgré le mystère dont elle s'entoure, elle est imitée. Il en a été ainsi pour notre canon rayé, pour le fusil prussien ; il en sera de même pour ses bouches à feu et pour toutes les inventions qui pourront encore sortir du cerveau infernal de l'homme.

L'histoire nous offre à cet égard de nombreux enseignements :

La poudre et les premiers engins mus par ce produit ont profité à l'Angleterre. (Crécy, Poitiers, Azincourt.)

L'art de mouvoir les troupes a été avantageux à la France, sous les Turenne et les Maurice de Saxe.

Le fusil à silex, l'art d'employer judicieusement les masses de cavalerie, ont déterminé les succès de la Prusse sous le grand Frédéric.

L'art de porter rapidement des troupes par grosses fractions sur un même point d'un théâtre de guerre, sur un même point d'un champ de bataille, l'art d'employer l'artillerie

et la cavalerie par masses en temps opportun
ont donné à la France, sous le général Bona-
parte, sous le premier consul, sous l'empereur
Napoléon Ier, des victoires éclatantes et sans
nombre.

Le canon rayé a puissamment contribué à
nous rendre vainqueurs à Magenta et à Solferino ; le fusil à aiguille a assuré le succès des
Prussiens à Sadowa.

La forte organisation de l'armée de la Confédération du Nord, l'adoption d'une tactique
judicieuse, appropriée aux nouvelles armes à
tir rapide et à longue portée ont donné, dans
cette dernière guerre, à l'Allemagne une écra-
sante supériorité sur nous.

La France, au XVIe siècle, a fini par comprendre qu'elle ne pouvait plus combattre
l'arme à feu avec la lance et l'épée, mais il a
fallu du temps et des revers pour décider la
chevalerie à abandonner ses armes offensives
et défensives.

Nous avons devancé les autres puissances

militaires une seule fois, en nous servant les premiers en 1859 du canon rayé.

A l'aide du raisonnement et en m'appuyant sur les notions que j'avais du système militaire des peuples modernes, j'essayai, en 1863, de déduire les conséquences qui découleraient de l'adoption des armes nouvelles dans les guerres futures.

J'osai dire que bientôt, trop tôt pour l'humanité, les événements me donneraient raison. L'on m'accusa d'un intolérable orgueil! et l'on finit par me prendre en pitié.

Et cependant nous étions à quelques jours de la guerre de la sécession;

A quelques années de celle de la Prusse et de l'Autriche contre le Danemark;

A trois ans de Sadowa;

A sept de Sedan, de Metz, etc.

Lorsque j'écrivais en 1863 la brochure : *De l'Influence des inventions modernes*, etc., il était évident déjà pour moi que ce grand art de la guerre, si difficile et dont si peu de généraux ont résolu les vastes problèmes, était dans un moment de transition.

Les perfectionnements matériels se succédaient depuis une trentaine d'années avec une rapidité effrayante. La balistique surtout faisait d'effroyables progrès.

Je prévoyais et j'osais le dire tout haut, et l'écrire, que l'adoption de l'arme à feu se chargeant par la culasse, c'est-à-dire à tir rapide, à grande portée et de précision, ne pouvait manquer d'être adoptée sous peu par les troupes de toutes les puissances militaires.

Pour moi, cela se déduisait logiquement, forcément, de ce que déjà la Prusse était en possession d'un fusil de ce système. L'une des grandes nations de l'Europe ayant adopté cette arme, il était impossible que les autres nations ne l'imitassent pas, sous peine de rester vis-à-vis de la première dans un état réel d'infériorité, chose inadmissible.

Que l'on veuille bien, aujourd'hui que les faits m'ont si lamentablement donné raison, examiner froidement les conséquences qui fussent résultées de l'étude approfondie en 1863, de l'adoption, en 1864, d'un armement nouveau pour nos troupes, de la fabrication et de la mise en service dans notre infanterie du fusil et du canon à tir rapide :

1° L'expédition du Mexique, au lieu de durer quatre années, de nous demander des sacrifices tels, que nous dûmes, pour y faire face, vider nos arsenaux, amoindrir nos effectifs, employer toutes nos forces vives, eût été terminée en quelques mois. Nous sortions en vainqueur du nouveau monde au lieu de nous retirer piteusement, bien qu'ayant obtenu partout et toujours des succès.

2° En 1866, la Prusse nous trouvant armés, bien armés, en face d'elle, y regardait à deux fois avant d'attaquer l'Autriche en faveur de laquelle nous pouvions faire marcher deux cent mille hommes.

3° M. de Bismarck ne nous prenait pas au dépourvu et nous pouvions appuyer, les armes à la main, cette parole imprudente de l'empereur : On ne prendra pas un pouce de terrain.

Veut-on une preuve bien palpable des conséquences militaires résultant de l'adoption du fusil à tir rapide, l'histoire des deux dernières années nous la donne à deux reprises différentes.

En 1867, à *Mentana*, un seul de nos bataillons muni de fusils chassepot (*qui fit merveille*), engagé contre les garibaldiens, gagne la bataille.

En mars et avril 1870, le général de Wimpffen ne craint pas, avec 1,800 fantassins armés du nouveau fusil, de se hasarder au cœur du grand désert, à travers d'innombrables populations, braves et fanatiques. Il livre trois grands combats, triomphe dans chaque rencontre et revient à Oran sans être inquiété, après avoir fait la pointe la plus hardie dans des contrées, non encore visitées, complétement inconnues.

Si la petite colonne du général de Wimpffen

eût encore été armée du fusil à percussion, nul doute qu'avec son expérience de la guerre, le général n'eût pas entrepris son expédition ; nul doute, en supposant la nécessité de l'entreprendre, qu'il eût fallu un corps dix fois plus nombreux. Il est enfin à présumer que là où dix-huit cents fantassins et douze cents cavaliers ont réussi, vingt mille hommes eussent échoué.

En 1863, j'étais bien obligé de raisonner, en m'appuyant sur la théorie, aujourd'hui c'est différent, la malheureuse expérience que nous venons de faire de la guerre nouvelle et avec l'ennemi extérieur de la France nous permet de parler en nous appuyant sur la pratique.

Essayons donc de tirer des inductions de ce dont nous avons été les témoins et les victimes ; tâchons de faire tourner à notre profit nos derniers revers.

La grande armée de Napoléon Ier a fait comprendre aux derniers soldats du grand Frédéric que l'humanité et le progrès marchent sans s'arrêter.

Les armées de Frédéric-Guillaume viennent de nous prouver que les méthodes de guerre du premier empire sont déjà trop vieilles.

La Prusse, en 1806, a profité des rudes leçons que nous lui avons données; tâchons, en 1871, d'utiliser celles que nous venons de recevoir de ses généraux; et si avant 1870, les Allemands ont étudié la manière de nous combattre, étudions à notre tour, après 1870, la façon la meilleure de prendre notre revanche, lorsque le temps sera venu.

IV

Comparons ce qui a été fait sur la rive
droite du Rhin avec ce qui a été fait sur la
rive gauche pendant la même période de
temps.

Le grand homme d'État de la Prusse qui ne
recule devant aucun moyen licite ou illicite au
point de vue de la morale, pour assurer à son
souverain et à son pays une prépondérance
sans conteste, a pensé qu'il devait d'abord
écraser l'Autriche afin de donner la supré-
matie sur l'Allemagne au roi Frédéric-Guillaume.

Il connaissait à fond la situation des États
sur lesquels régnait le jeune empereur Fran-

çois-Joseph, les divisions intestines, la fai-
blesse des armées malgré la valeur des soldats, l'infériorité de ses généraux, de l'armement, du matériel.

Ce qui pouvait inquiéter M. Bismarck, aussitôt que la guerre serait déclarée, ce n'était
pas précisément l'Autriche elle-même, mais
un voisin incommode et vigoureux, la France.
Quant à un *casus belli*, il était facile à trouver.
N'y a-t-il pas toujours les excellentes raisons
données par le loup à l'agneau dans la fable
de La Fontaine.

Endormir la vigilance du gouvernement
français, le laisser se jeter dans quelque aventure lointaine et maladroite, puis profiter du
moment opportun, telle était la grande affaire,
la principale difficulté à vaincre. Tout cela,
M. de Bismarck le comprit, et, avec une habileté diabolique, il saisit l'occasion que lui donnait la guerre lointaine du Mexique. La Prusse
fit à l'Autriche ce qu'on peut appeler, avec
double raison, une querelle d'Allemand, se

donna un auxiliaire dans l'Italie, franchit brusquement les montagnes de Bohême et, grâce à la supériorité de ses généraux, grâce à sa merveilleuse organisation militaire qui lui donne une armée nombreuse toujours prête au combat, grâce surtout à la supériorité de son armement, elle marcha de succès en succès pour aboutir en quelques semaines à Sadowa.

L'empereur Napoléon III, comptant sans doute encore sur le prestige fort effacé de son nom dans les conseils de l'Europe et sur le prestige plus grand de la redoutable épée de la France, déclara qu'il ne laisserait pas prendre un pouce de terrain à la Prusse.

La Prusse, sous les traits sarcastiques du comte de Bismarck, sourit à cette vaine parole ; les destins s'accomplirent et la Confédération du Nord vit le jour.

Mais, dès le lendemain de Sadowa, le ministre du roi Guillaume comprit bien qu'un duel entre la Prusse et la France dans un temps plus ou moins rapproché était inévitable.

Écraser la France comme on avait écrasé la malheureuse Autriche, cela n'était pas chose si facile. M. de Bismarck travailla à préparer ses moyens d'action contre nous, avant même d'avoir entièrement terminé tout avec François-Joseph.

Le chef d'état-major général de l'armée prussienne, M. de Moltke, de fait généralissime de toutes les troupes obéissant au roi Guillaume, le *Deus ex machina* de l'Allemagne du Nord, reçut l'ordre d'étudier le pays que l'on serait appelé un jour ou l'autre à envahir.

Des officiers prussiens intelligents, en grand nombre, furent lâchés sur la France avec mission d'acquérir et de rapporter des notions exactes sur l'armée, sur son organisation, sur ses chefs, sur le pays, sur les ressources des localités grandes et petites, sur les routes, les chemins de fer, les voies de communications, sur les places fortes, sur les villes ouvertes, etc. Des attachés d'ambassades militaires, des mi-

litaires en touristes, M. de Molke lui-même,
sillonnèrent notre pays qui fut en outre en-
serré sous un inextricable réseau, sous une
trame d'espions, trame dont les mailles se ré-
trécissaient de jour en jour de 1866 à 1870.
Tout ce qui était allemand de la Confédération
nouvelle, résidant en France, reçut de l'argent
et une mission secrète.

Nous autres, bons, loyaux, avec notre franchise gauloise, approchant de la niaiserie,
appuyés fièrement sur notre épée, nous lais-
sâmes faire, nous doutant à peine de ce qui se
passait sous nos yeux, prêts à en rire au besoin. Tandis que notre pays était inondé d'officiers et d'espions allemands l'explorant dans
tous ses détails, nos ministres de la guerre se
contentaient d'envoyer quelques rares officiers
en Allemagne, en mission ou à la suite des
ambassades, en leur recommandant de lui
faire des rapports sur l'armée de la Confédération, sur son organisation, sur son armement, etc. Plusieurs rapports de ce genre, et

des plus remarquables, furent expédiés de Berlin. Ils aboutirent dans les cartons des Tuileries, dans ceux du cabinet du ministre, ou bien encore au dépôt de la guerre. Sa Majesté et son entourage, M. le ministre Le Bœuf, M. le directeur du dépôt de la guerre, se gardèrent bien d'en prendre connaissance.

Il faut bien croire du moins qu'il en fut ainsi.

Il est impossible, en effet, d'admettre que ces hauts personnages avaient même simplement jeté les yeux sur des documents de cette importance. S'ils l'eussent fait sans profit pour le pays, dans la position où la France se trouvait vis-à-vis de l'Allemagne, il y eût eu de leur part faute grossière, crime ou sottise, triple supposition inadmissible, car ces personnages n'étaient pas dépourvus d'intelligence. Je ne suis pas de ceux qui voient la trahison partout. Je préfère croire à l'insouciance, à la paresse, à la présomption, convaincu que je me rapproche ainsi beaucoup plus de la vérité.

Si, en haut lieu, on dédaignait, à Paris, de lire ou de prendre en sérieuse considération les rapports tels que ceux du colonel Stoffel, du capitaine d'état-major Samuel, à Berlin on agissait tout différemment. On coordonnait tous les documents venant de France, et le remarquable corps d'état-major prussien, sous l'habile et savante direction de M. de Moltke, préparait dans le silence du cabinet et dans le plus profond secret les premiers éléments de la victoire.

Dans l'armée ennemie, tout officier et bon nombre de sous-officiers connaissent assez la langue française pour comprendre les habitants de notre pays et se faire comprendre d'eux ; beaucoup ont voyagé chez nous. On trouverait difficilement dans l'armée française une centaine d'officiers en état de se faire comprendre sur la rive droite du Rhin.

Cela, du reste, n'a rien d'étonnant ; non-seulement l'étude des langues n'est pas plus encouragée que les autres études dans notre armée, mais en outre mille entraves sont mises, de temps immémorial et en vertu de règlements absurdes, à tout voyage fait par un militaire français en pays étrangers.

Loin d'engager, comme on le fait en Allemagne, en Russie, en Angleterre, en Espagne même, un officier instruit à parcourir les États voisins, lorsque des affaires urgentes forcent un militaire à solliciter un congé pour se rendre au delà de la frontière, il lui faut une autorisation spéciale du ministre; il perd tout droit à la solde, pour tout dire en un mot, il est presque mis en suspicion.

De temps à autre, l'empereur, les princes, le ministre de la guerre, en ces dernières années, ont envoyé des officiers attachés à leurs personnes, en mission d'honneur dans les camps d'instruction, dans des réunions de parade.

Ces officiers ont rapporté de leurs voyages de belles paroles, de grands compliments et un nombre incommensurable de décorations étrangères.

Un ruban, cela ne coûte rien aux princes, aux rois, aux empereurs. La croix a remplacé la tabatière classique avec portrait enrichi de brillants, ancienne monnaie courante des souverains. De quelle cargaison de croix grandes et petites, de plaques, de cordons ne se font pas suivre, dans leurs voyages, les princes régnants, lorsqu'on se rappelle que plusieurs, lors de leur visite à l'Exposition universelle à Paris, ont gratifié du grand cordon de leurs ordres *tous les généraux* ayant assisté aux revues passées en leur honneur ?.....

Notre armée avait donc peu d'hommes possédant bien la langue allemande, et, par contre, la presque totalité des officiers de la Confédération du Nord, beaucoup de sous-officiers même, parlaient le français.

Quant aux moyens mis à la disposition des généraux en chefs, en France, pour l'espionnage, voici deux faits dont je crois pouvoir garantir l'authenticité.

Tandis que M. de Bismarck prodiguait les

millions pour convertir tout Allemand résidant en France, à un titre quelconque, en *espion*, le gouvernement de l'empereur Napoléon III allouait, comme frais d'*espionnage* au
maréchal commandant en chef l'armée de
Châlons, armée de 120 à 130 mille hommes,
la somme ridicule de *vingt-cinq mille francs*.
L'honnête duc de Magenta, blessé à Sedan le
1er septembre, s'empressait le lendemain de
faire remettre au général de Wimpffen, son
successeur au commandement de l'armée,
onze mille francs qui lui restaient sur les vingt-
cinq mille. Le non moins honnête général de
Wimpffen, au lieu d'employer ces onze mille
francs à soulager des malheureux officiers ou
soldats captifs, s'empressait à son tour de renvoyer cette somme au gouvernement de la
défense nationale.

Un fait du même genre : Le même jour,
2 septembre, après la capitulation, un payeur
eut la naïveté de venir déposer aux mains des
Prussiens les quatre-vingt mille francs qui

restaient dans sa caisse. Ses comptes étaient ainsi apurés.

L'officier prussien, auquel cette somme fut remise, n'en voulait pas croire ses yeux. — Mais, ne put-il s'empêcher de s'écrier en bon français, il valait mieux pour vous jeter cet argent dans la Meuse! Chez nous, ajoutait-il, si un trésorier commettait semblable faute, il serait fusillé sur l'heure.

Le duc de Magenta, le 24 août, pendant la marche sur Sedan, inquiet du sort de l'armée de Bazaine, ayant un intérêt immense, capital, à avoir de ses nouvelles et à en donner des siennes pour coordonner ses mouvements avec les siens, offrit sérieusement *un billet de mille francs*, m'a-t-on assuré, à l'espion qui voudrait pénétrer dans Metz et lui rapporter une réponse de Bazaine!...

Quelques centaines de mille francs dépensés alors avec intelligence eussent peut-être économisé des milliards à la France!...

Qu'on me permette de signaler encore un

élément secondaire de succès négligé maladroitement par nous et utilisé par nos adversaires.

On ne sut pas même pourvoir nos généraux, *nos commandants en chef*, de cartes topographiques levées par nos propres officiers d'état-major et dont le dépôt de la guerre regorgeait. Or, dans l'armée ennemie, non-seulement les généraux, les officiers, mais jusqu'à de simples sous-officiers, marchaient avec les meilleurs documents de ce genre.

Une bonne carte est un outil des plus utiles à la guerre. Aussi ne saurait-on, selon moi, attribuer la négligence dont on se rendit coupable qu'au motif suivant :

Son Excellence le maréchal Le Bœuf, initié dès le premier jour de la déclaration de guerre au fameux plan offensif de campagne de Sa Majesté l'empereur, resta persuadé que nous franchirions le Rhin, sans obstacle, au commencement d'août, que nous aurions facilement raison de chacune des armées de la Con-

fédération et que nous n'aurions à agir que
sur le territoire ennemi.

Dans cette hypothèse, il était fort inutile de
sacrifier les belles collections du dépôt de la
guerre.

Ainsi pensèrent sans doute le ministre et
son directeur du dépôt. Soit; mais pour être
logique, il fallait au moins agir comme nos
adversaires, et procurer à nos officiers des
cartes, sur une échelle assez grande, du pays
à envahir.

Au lieu de cela, on se borna à distribuer dans
l'armée française de ridicules *spécimens*, à une
échelle inappréciable, de mauvaises petites
cartes portant ce titre :

Route conduisant au Rhin.

On y voyait le nom de nos dernières villes
frontières du nord-est, puis, sur la rive droite
du fleuve, la Bavière-Rhénane et le grand-
duché de Bâle.

Lesdites cartes avaient de surface un double

décimètre carré. Je doute qu'elles eussent pu être admises dans les écoles primaires pour l'éducation géographique des enfants âgés de dix ans.

Aussitôt la guerre déclarée, nos généraux, nos officiers, cherchèrent à se procurer à prix d'or de bonnes cartes du nord-est de la France qu'on ne leur envoyait pas; mais impossible d'en trouver, ordre avait été donné par le ministère de faire rentrer au bercail, c'est-à-dire au dépôt de la guerre, toutes les feuilles laissées aux rares éditeurs autorisés à les répandre dans le commerce.

Le but était d'empêcher l'ennemi de faire l'acquisition de ces utiles documents. — Très-bien; mais c'était, comme on dit vulgairement, fermer la cage quand les oiseaux sont envolés. En effet, depuis bien longtemps déjà la Prusse avait pris ses précautions et possédait nos cartes. Au moment où leurs armées se rassemblèrent, on en inonda les corps de troupes et les états-majors.

En Allemagne, on vise à l'utile ; on ne liarde pas, comme en France, pour des acquisitions comme celles de documents nécessaires. On a vu le dépôt de la guerre refuser des cartes étrangères précieuses, pour ne pas dépenser quelques milliers de francs. — Impossible, disait-on, il n'y a pas de crédit au budget pour payer ce document ; ou bien, les fonds sont épuisés pour cette année, etc.

La mesure prise par le ministère de la guerre, *in extremis*, n'eut donc d'autre résultat que celui de priver nos officiers de la faculté d'acquérir, à leurs frais, d'utiles, d'indispensables matériaux.

Au lieu de réparer la maladresse commise, en expédiant, coûte que coûte, aux généraux en chef de corps les feuilles du dépôt dès qu'on vit la France envahie, on enferma si bien les précieuses feuilles que, le 28 août, comme il le dit dans son ouvrage, le général de Wimpffen, traversant Paris pour aller prendre le commandement du 5e corps, ne put obtenir du dépôt de la guerre que des cartes à l'échelle du *trois cent vingt millièmes*, au lieu de cartes au *quatre-vingt millième*.

Un autre fait incroyable et cependant parfaitement vrai : la délégation de Tours arriva dans sa résidence sans une seule collection de la carte d'état-major. On fut obligé, pour lui en procurer, de faire appel à tous ceux qui, par un heureux hasard, possédaient quelques feuilles de cette carte.

Si tout cela se passait chez les autres au lieu de se passer chez nous, comme nous en ririons de bon cœur !

V

A ces causes secondaires d'infériorité pour
nous, ajoutons, avant de passer à l'étude des
conséquences des inventions modernes, une
cause d'un ordre plus élevé et qui eut une
très-grande et très-fâcheuse influence pour
nous sur les débuts de la campagne.

Depuis le jour où les idées d'ambition ont
germé chez elle ou dans le sein de ses hommes
d'État, la Prusse a cherché le meilleur mode
d'organisation pour son armée, c'est-à-dire
celui qui, s'alliant aux mœurs, aux usages de
ses populations, donnerait le moins de dépense pour le budget en temps de paix et le

plus d'hommes dans le rang en temps de guerre.

Elle est arrivée à trouver le moyen de résoudre les deux conditions, que nous venons d'énumérer, de ce multiple et difficile problème. Les troupes de ses armées de première ligne sont toujours prêtes à commencer la guerre et en haleine. Ses cadres, sans cesse au complet, peuvent recevoir du jour au lendemain leurs effectifs. Enfin, cette puissance, plus militaire encore que guerrière, à l'inverse de la France, qui est plus guerrière que militaire, a adopté un système d'embrigadement, d'endivisionnement, de formation en corps d'armée, qu'elle conserve en toute circonstance.

D'après ce système, l'élément principal ou *cadre* ne varie presque jamais ; l'élément secondaire, ou *troupe*, se recrute dans la province même où se fait sa formation.

Il résulte de là que les officiers généraux et autres sont à même de s'apprécier et peuvent savoir jusqu'à quel point ils doivent compter sur les éléments qu'ils ont entre les mains. Vivant avec leur personnel de la vie militaire, en station comme en campagne, sans cesse en contact avec les agents qu'ils ont à employer, les chefs savent ce qu'ils doivent attendre des uns et des autres, dans quels cas ceux-ci seront préférables à ceux-là, et réciproquement.

La brigade, dans ce système, est déjà une famille, la division une famille plus grande, le corps d'armée la famille entière.

En peu de jours, autre et immense avantage, les hommes de troupe absents pour une cause ou pour l'autre rejoignent facilement les drapeaux, puisque les corps auxquels ils appartiennent occupent le pays même sur lequel ils se recrutent.

Dans l'armée prussienne, dans l'armée allemande de la Confédération du Nord, telle qu'elle est organisée aujourd'hui, le pied de guerre est, pour ainsi dire, à l'état latent, et il ne faut qu'un ordre pour mettre immédiatement en mouvement la brigade, la division, le corps d'armée, avec tous ses services généraux et particuliers, avec ses administrations, son matériel. Tout le monde est sans cesse prêt, toute chose est sans cesse en état.

Dans deux circonstances décisives, l'armée prussienne a montré son incroyable et admirable mobilité : lors de la guerre avec l'Autriche, en 1866; lors de la guerre avec la France, en 1870.

Elle a dû en grande partie ses succès à sa promptitude, sans exemple jusqu'ici, à franchir les montagnes de Bohême en 1866, à se jeter en France en 1870.

Que l'Autriche ait été surprise, cela se comprend jusqu'à un certain point; mais que nous l'ayons été, nous, après ce à quoi nous avions assisté il y a quatre ans, c'est chose impardonnable. Comme disait M. de Talleyrand, nous avons commis là plus qu'un *crime*, nous avons commis une faute que le ministre de la guerre, maréchal Lebœuf, ne pourra jamais

expier. Les partisans de l'empereur préten-
dent que ce prince savait à quoi s'en tenir à
cet égard (1). Alors pourquoi n'a-t-il pas rec-
tifié les erreurs de son ministre ? Pourquoi lui
a-t-il, dans les conseils, permis de dire que
nous étions prêts et que la Prusse ne l'était
pas ?

Pour en revenir à l'organisation de l'armée
allemande de la Confédération du Nord, je
sais bien que cette organisation en son entier,
le mode de recrutement et bien d'autres choses,
ne sauraient être mis en pratique en France :
autre nation, autres mœurs, autres usages de-
mandent autres lois ; mais ne pouvait-on se
rapprocher de cette organisation toute militaire pour les mesures nous présentant des
avantages sans inconvénients ? Pour l'endivisionnement, par exemple ?

(1) On lit dans la petite brochure bonapartiste intitulée :
Ils en ont menti : « On a reproché au gouvernement impérial d'avoir ignoré la supériorité des forces de la Prusse et
de ne pas en avoir instruit le pays. *La preuve que le gouvernement* n'ignorait point l'état des forces prussiennes, ce
sont, etc. »

On me répondra peut-être que, depuis plusieurs années déjà, nous avons un système de corps d'armée avec divisions et brigades actives. A cela je dirai qu'en parlant ainsi, on joue sur les mots.

L'armée française, avant 1870, était répartie dans sept grands commandements territoriaux, créés pour donner de belles positions à certains chefs militaires. Le 1er, le 4e, avaient des divisions actives, et, pour faire illusion sans doute au pays, on avait imaginé, dans les dernières années, de décorer ces commandements purement territoriaux de *corps d'armée*.

Or, les troupes en garnison dans les villes situées dans ces grands commandements étaient si peu endivisionnées et embrigadées, que des régiments avaient leurs fractions dans deux ou trois de ces prétendus corps d'armée.

Les divisions actives des premier et quatrième corps (Paris et Lyon) n'avaient ni leurs états-majors stables, et ne possédaient ni leur artillerie, ni leurs troupes du génie, ni leur administration, ni leur service de santé, ni leur matériel.

Au moment de la lutte avec l'Allemagne, la garde et le corps au camp de Châlons avaient seuls un semblant d'organisation sur le pied, non de guerre, mais de rassemblement.

Quant aux hommes absents pour un motif quelconque et à faire rejoindre, comme ils étaient disséminés sur tous les points du territoire, comme le soldat est la plupart du temps loin de sa famille dans sa garnison, il fallut des semaines pour compléter les corps et il en résulta un autre inconvénient, un grand encombrement de personnel dans nos chemins de fer. Les officiers n'avaient ni leurs effets de campagne, ni même toutes leurs armes. Les uns couraient pour se procurer des tentes, des lits, des cantines, les autres pour avoir des révolvers, des chevaux.

Au temps où l'on n'entrait en campagne que deux ou trois mois après la déclaration de guerre, où l'on avait tout le temps nécessaire pour passer du pied de paix au pied de guerre, on pouvait en quelque sorte maintenir l'armée en partie désarmée. Aujourd'hui, avec les moyens de transports rapides qui résultent de l'application de la vapeur à la locomotion, l'ennemi ayant la faculté de se porter en très-peu de temps sur votre frontière, l'armée doit toujours être prête au combat. La Prusse a bien compris qu'il en devait être ainsi; elle a donné deux rudes leçons à ses adversaires, à cet égard, en 1866 et en 1870.

En outre, chez nous, l'administration militaire, loin de chercher à simplifier, semble se plaire à compliquer, ne pouvant se départir, même dans les moments critiques, de la routine que depuis bien longtemps, et avec raison, on lui reproche.

Un exemple entre mille.

Un officier supérieur rappelé de la non-activité reçoit brusquement l'ordre de rejoindre tel régiment dans le midi. Cet officier, prêt à

quitter Paris, apprend dans les bureaux même
du ministre que le régiment désigné pour une
des divisions du 1ᵉʳ corps est en marche pour
Strasbourg. Il veut se rendre directement dans
cette dernière ville où son bataillon doit arriver le lendemain. — Non pas, non pas, lui
dit-on, vous devez rejoindre au lieu de départ,
— double dépense et pour lui et pour l'État,
retard pour le bien du service. Qu'importe ?
Notre officier exécute l'ordre, arrive dans le
midi, fait viser sa feuille de route, reprend le
chemin de fer, arrive le matin de Frœschwiller,
combat à la tête de son bataillon qu'il ne con-
naît pas, dont il n'est pas connu. Tout cela eût
pu facilement être évité, mais la routine admi-
nistrative est là, plus forte que la logique.

L'embrigadement, l'endivisionnement, la
formation en corps d'armée sera toujours une
mauvaise plaisanterie, en France, tant que dans
les sphères gouvernementales et ministérielles,
on ne saura résister ni aux exigences person-
nelles, ni aux exigences des localités.

On organise une brigade, une division, un corps d'armée ; c'est à qui des généraux, se trouvant mal où ils sont, des officiers sans troupe, aspirant à quitter leurs résidences, des chefs de corps mécontents de leur garnison, c'est à qui sollicitera pour faire partie de la nouvelle formation. Quelques semaines ne sont pas écoulées que le général A..., l'officier sans troupe B..., le colonel C... cherchent à quitter la brigade, la division, le corps d'armée. M. A... préfère un commandement territorial devenu vacant, M. B... veut se rapprocher de sa famille, le colonel C... a de bonnes raisons à donner pour prouver que son régiment serait mieux autre part. Bref, chacun aura si bien manœuvré que : brigade, division, corps d'armée, n'auront plus la même composition.

Et puis, c'est telle ville, telle localité auxquelles on aura retiré leurs garnisons pour endivisionner les troupes, et qui pousseront des gémissements. — Comment le commerce ira-t-il si nous n'avons personne? diront les autorités se plaignant aux échos de tous les ministères? — Rendez-nous le régiment, notre gagne-pain, crieront les débitants, les loueurs en garni, les hôteliers, les fournisseurs. — Et la privation de la retraite le soir, de la musique le dimanche sur la promenade.

Et le ministre de la guerre, sollicité par ses collègues, finit par céder. Le moyen de tenir une armée sur le pied actif, en temps de paix, lorsqu'il faut céder à pareilles exigences?...

En Prusse, tout est sacrifié à l'armée.

En France, l'armée est sacrifiée à tout.

V I

Comparons maintenant ce qui a été fait en Prusse avec ce qui a été fait en France, relativement aux chemins de fer, à la locomotion maritime, à la télégraphie, relativement, en un mot, à ce que j'appellerai les inventions modernes, d'ordre *secondaire*, inventions toutefois qui ont une grande importance sur les opérations stratégiques et tactiques, faites soit en dehors, soit sur les champs de bataille.

Au moment de la déclaration de guerre, la France avait sur la confédération du Nord l'avantage très-appréciable de posséder un réseau immense et très-complet de lignes de fer rayonnant du centre à la circonférence. Paris, sa

principale place de dépôt, d'approvisionne-
ment, foyer de sa richesse, à la fois sa tête et
son cœur, Paris point de concentration, ayant
des ressources considérables en matériel roulant, pouvait transporter avec rapidité, aux
points menacés de nos frontières du Nord-Est,
matériel et personnel; Lyon, Bordeaux, Tours
et les autres grands centres pouvaient également diriger soit sur la capitale, soit sur la
frontière, hommes, vivres, canons.

La Confédération du Nord, au contraire, loin
de posséder un pareil luxe de voies ferrées,
avait un réseau incomplet.

Cependant, à la fin de juillet 1870, nous
n'avions pas un seul de nos huit corps d'armée (la garde impériale comprise) organisé,
approvisionné et à son poste de combat
avec tout son monde présent sous les armes.
Les ambulances et le service sanitaire étaient
à peine ébauchés, l'artillerie arrivait à chaque
instant, les places fortes de premier ordre,
de première ligne, Strasbourg parmi elles,

n'avaient ni leur matériel de défense, ni leur personnel réglementaire et déterminé. L'intendance n'avait pas su approvisionner les troupes. De grands convois de chevaux achetés à la hâte, bons ou mauvais, sillonnaient les routes et les voies ferrées. Enfin, les dépôts ne cessaient d'expédier des hommes sur les bataillons, escadrons et batteries de guerre, pour porter les effectifs au chiffre normal.

Dans les gares, tout était encombrement, et, quand il eût fallu montrer, sur l'extrême frontière, 400,000 hommes vigoureusement organisés, bien encadrés, pourvus de tout, on n'en avait pas 200,000 à opposer aux nombreuses armées ennemies de première ligne, encore ces 200,000 n'avaient-ils que des services administratifs défectueux. En seconde ligne, en réserve, nous n'avions rien, si ce n'est quelques bataillons de mobiles, braves mais inexpérimentés, mal armés, très-décidés à se faire tuer à la française, mais sans bénéfice pour le salut commun.

Voilà ce que le maréchal Le Bœuf appelait être prêt. Triste ministre de la guerre! Ce n'étaient pas les boutons qui manquaient à la guêtre de notre armée, mais bien la guêtre elle-même. Et les partisans de l'empire ont la maladresse d'affirmer que le souverain savait tout cela... Tant pis.

La Confédération du Nord, elle, avec des moyens bien autrement restreints que les nôtres en fait de chemins de fer, avec un matériel roulant moins considérable, avait su, dès les premiers jours d'août, réunir à deux pas de nous, sur sa frontière extrême, en face les points défectueux de la nôtre, son armée de première ligne, admirablement organisée, outillée, pourvue de tout.

A quoi attribuer le résultat négatif pour nous, positif chez nos adversaires? A deux causes principales.

Pour ces derniers, à l'unité de commandement, de direction, de vues, d'action; à l'obéissance passive régnant depuis le bas jusqu'à l'échelon le plus élevé de la hiérarchie militaire ; à l'organisation perpétuelle d'une sorte de pied de guerre.

Pour nous, à la diffusion, au morcellement du commandement ; aux ordres et contre-ordres donnés sans cesse, à l'esprit de critique engendrant la désobéissance et l'indiscipline ; à l'organisation défectueuse des troupes ; à la difficulté pour elles de passer rapidement du pied de paix au pied de guerre.

Je me résume :

Au moment de la guerre, nous n'avons pas su utiliser nos voies ferrées avec autant d'habileté et *d'ordre* que les Allemands toujours prêts à obéir à l'autorité supérieure, sans jamais commenter les instructions données, tandis que chez nous, il n'est si mince employé qui ne critique son chef, qui ne se croie plus capable que lui, qui consente à trouver bien une mesure n'émanant pas de son initiative personnelle.

La Prusse, à la suite de la campagne de

Sadowa, avait mis à l'étude, dans son armée, et d'une façon sérieuse, la question de l'application des voies ferrées à l'art nouveau de la guerre, art qui se modifie en raison des inventions ou des découvertes successives, axiome que notre tête d'armée refusait d'admettre en France, et que l'Allemagne avait vite compris.

Depuis 1868, de l'étude des chemins de fer à appliquer à l'art de la guerre, on était passé, en Prusse, et dans toute la Confédération du Nord, à *la pratique*.

Ainsi, en 1868, et en prévision d'une lutte prochaine avec la France, on a organisé militairement en Prusse des *compagnies* de chemins de fer disciplinées. On a étudié à fond la question de la télégraphie militaire, entrevue et appliquée sur une petite échelle en 1866, à la campagne de Sadowa, et enfin, on a créé une bonne école de télégraphie et une autre de chemins de fer militaires.

Que nous étions loin de ces progrès!

Tandis que la Confédération du Nord s'em-

parait des avantages résultant de ce que j'ai
appelé les inventions d'un ordre secondaire,
nous autres, nous en étions encore à édicter
une théorie imparfaite sur l'embarquement et
le débarquement du personnel et du matériel,
dans les chemins de fer; nous avions essayé,
sur une échelle des plus restreintes, la télégraphie électrique au camp de Châlons, et confié
cette étude d'abord au corps demi-savant d'é-
tat-major, ensuite à celui du génie.

Passons aux résultats pratiques et quasi-
comiques, obtenus.

Pour les chemins de fer:

Au moment du départ de l'armée du Rhin,
désordre et encombrement indescriptible, dans
les gares des voies ferrées, encombrement qui
a duré pendant toute la guerre, à tous les
points d'embarquement et de débarquement.

Pour la télégraphie militaire:

Au camp de Châlons, en 1869, l'empereur et
le jeune prince impérial ont pu télégraphier
du terrain même de la *grande* bataille, livrée

en présence de Sa Majesté, les plus jolies choses du monde, à l'impératrice, alors encore à Paris.

Toutes ces fautes ne sont rien, selon moi, en comparaison de celle que l'on commit en ne sachant pas utiliser notre magnifique marine. Avec elle on pouvait opérer les plus utiles diversions, se donner dans les mers du Nord un vigoureux auxiliaire, le Danemarck, contraindre la Confédération à rejeter de ce côté une partie de ses forces. L'idée émise par le prince Napoléon et par le général de Wimpffen, qui sollicitait de l'empereur un commandement de troupes de débarquement, était excellente. Pourquoi l'abandonna-t-on? Je l'ignore. La cause de cette impardonnable négligence ne m'est pas assez connue pour que j'en parle autrement que pour la constater.

Ainsi tandis que l'adversaire, grâce à des compagnies, à des corps militairement organisés, disciplinés, instruits d'une façon spéciale, utilisait à son profit ses chemins de fer et les *nôtres*, la télégraphie ordinaire et ambulante, nous ne savions profiter avec intelligence :

Ni des voies ferrées,

Ni de la télégraphie,

Ni de nos magnifiques bâtiments cuirassés !.....

VII

Tout ce qui se passait chez nos ennemis était
mystère pour nous ; l'espionnage nous entou-
rait d'un triple réseau ; les Allemands (qu'on
nous pardonne ce que nous allons dire), jouant
la naïveté, se préparaient, en dessous et en silence. Nous autres, fiers de nos victoires passées, ne doutant pas de nos victoires futures,
nous croyant supérieurs à nos adversaires
en science, en organisation militaire, en armement, nous assignions Berlin pour terme de la
lutte.

De fait, nos soldats seraient fort supérieurs
aux soldats allemands, s'ils pratiquaient,

comme jadis, cette vertu militaire sans laquelle les autres ne sont rien, *la discipline.*
Nous avions pour notre infanterie une arme, le chassepot, bien préférable au fusil à aiguille. Notre cavalerie, mieux montée que celle de la Confédération, est plus audacieuse. Mais combien ces causes de supériorité étaient compensées, de l'autre côté du Rhin, par une subordination de tous les instants, par une foi profonde dans les chefs, par une artillerie supérieure à la nôtre en portée, en justesse, en rapidité de tir et en nombre ; enfin par un commandement sûr, précis ; par la volonté jamais entravée d'un homme de guerre de génie ; par la haute intelligence militaire de princes et de généraux capables, connaissant à fond le métier des armes, rompus aux marches, aux manœuvres, aux combats ; ayant étudié les meilleures méthodes à appliquer *à la tactique, rendue nécessaire par l'emploi des armes nouvelles ;* ayant su abandonner à temps, sans hésitation, toute méthode surannée et

qui paraissait plus en rapport avec les inventions modernes.

Voyons en effet comme la Prusse a su comprendre et appliquer la tactique nécessitée par les armes nouvelles.

Voyons comme elle a su employer son infanterie, sa cavalerie, son artillerie, voyons comme elle a su faire les siéges.

Infanterie :

En 1863, j'écrivais dans la brochure sur l'influence des inventions modernes, *Chapitre V*, après avoir fait une analyse rapide des progrès de l'arme à feu portative de guerre :

« Vinrent enfin, dans ces derniers temps, les perfectionnements, conséquence de la rayure et de la balle forcée cylindro-conique.

« L'effrayante précision obtenue par la nouvelle arme, ainsi perfectionnée, doit-elle apporter des modifications dans le rôle et la tactique de l'infanterie? Nous le pensons, et nous croyons même que déjà dans la campagne d'Italie, de 1859, les modifications se sont fait sentir.

« Plus on ira, et moins on se servira de ces feux méthodiques, à la prussienne, dont le mérite principal consistait dans la régularité...

« Et encore l'armement de la majeure partie des troupes françaises qui font usage du feu est loin d'avoir acquis son dernier degré de perfection. Avant peu d'années, selon toute apparence, on aura changé le fusil d'infanterie, qui n'a pas la précision des carabines placées aux mains de quelques corps spéciaux. Peut-être même, lorsqu'on aura résolu de passer outre à la dépense considérable nécessitée par la transformation d'un tel matériel, ne reculerait-on pas devant l'*adoption de l'arme se chargeant par la culasse!*...

« Lors donc que l'un de ces systèmes (fusil se chargeant par la culasse) aura été donné aux infanteries des grandes nations militaires, que deviendront les manœuvres lentes, les développements en face de l'ennemi?

« D'après nous, le perfectionnement de l'arme portative de tir doit amener dans la tactique de l'infanterie les conséquences suivantes :

« Emploi plus fréquent des tirailleurs, jadis peu dangereux, aujourd'hui terribles, si les hommes ont du calme, du sang-froid et de l'instruction ; — Abandon presque total des feux réguliers ; — Impossibilité presque complète, pour la cavalerie, d'entamer une infanterie solide ; — Danger pour deux troupes d'infanterie de rester longtemps en présence et à portée. »

Et plus loin :

« Les infanteries autrichiennes, russes, etc., ont successivement abandonné les vieilles méthodes, etc..... Il n'y a pas jusqu'à l'armée prussienne, si mécaniquement manœuvrière, qui ne soit parvenue à se débarrasser d'une partie de ces mouvements de parade bons, etc.

Cette infanterie nous a même devancés, quant à l'armement, car elle est en possession du fusil à aiguille se chargeant par la culasse. »

Voilà ce que j'écrivais, ce que j'imprimais en 1863.

Le ministre de la guerre, maréchal Randon, me faisait répondre par la plume brillante du général de cavalerie Ambert : que l'homme qui avait écrit de pareilles hérésies n'était pas militaire. L'auteur, ajoutait le général, considère cette carabine (se chargeant par la culasse) comme un progrès ! Il n'est pas dans l'armée un seul homme qui ne sache ce que vaudrait, à la guerre, un soldat armé d'un INSTRUMENT A TIR CONTINU.

Voilà comment, en 1863, trois années avant Sadowa, un ministre de la guerre et un général, c'est-à-dire deux des sommités militaires de la France, étudiaient la question la plus grave, la plus sérieuse, la plus importante pour les armées modernes !

Tandis que rebelles à tout progrès, fermant

les yeux pour ne pas voir, nous persistions dans nos anciens errements, la Prusse, elle, modifiait du tout au tout la manière de combattre de l'infanterie, cette arme qu'on a appelée la reine des batailles.

Voici ce que m'écrivait le 2 septembre 1870 un officier de mes amis de l'armée du Rhin, fort observateur et très-capable :

« Dans la matinée d'hier, j'ai pu observer tout à mon aise, et comme d'une loge au spectacle, du haut du plateau de Grimont, l'habileté avec laquelle les Prussiens se forment.

« Leur infanterie abritée dans le bois de Failly sortit par petits groupes pour ne pas appeler notre attention, pour ne pas donner prise au feu de notre artillerie. Chaque groupe gagna rapidement un pli de terrain où il se mit en bataille peu à peu et à petit bruit. Bientôt cette infanterie présenta une ligne imposante bien défilée de nos projectiles.

« Au bout d'une demi-heure de cette habile

manœuvre préparatoire, nullement inquiétée par nous (car elle n'était visible que du point où j'étais), et pendant laquelle l'artillerie allemande avait couvert d'obus le terrain occupé par nos troupes, tout était prêt pour la lutte du côté de nos adversaires sans qu'ils eussent perdu personne, tandis que du nôtre les lignes et les colonnes d'attaque étaient déjà en partie démoralisées par les ravages causés à grande distance dans nos rangs. »

Ajoutons à cela que les chefs ennemis savaient toujours habilement choisir leur terrain, profiter des moindres obstacles naturels pour y abriter leurs hommes, qu'ils ne lançaient jamais leur infanterie avant d'avoir écrasé la nôtre par le tir des pièces à longue portée, qu'ils ne l'exposaient pas inutilement, ne cherchaient pas à aborder à la baïonnette comme nous, sachant bien que cette arme, si terrible dans nos mains, est aujourd'hui reléguée au dernier plan et que devant le tir rapide du canon et du fusil elle ne saurait avoir qu'une action rare et tout exceptionnelle.

Lors donc que les généraux allemands se décidaient à faire donner leur infanterie, soit en lignes, soit en colonnes, c'est que déjà la nôtre était à moitié écrasée.

Disons-le, néanmoins, à la gloire de nos braves soldats; en plusieurs occasions, pendant cette guerre, on a vu notre infanterie, dont les rangs étaient brisés par la mitraille, lorsque l'ennemi essayait de l'aborder, le rejeter à coup de baïonnette et de crosse. Ainsi, à Frœschwiller, chaque fois que, fiers de leur supériorité numérique, les Prussiens du prince royal nous voyant décimés par le canon ont essayé d'enlever nos positions sur le plateau, ils ont été ramenés à l'arme blanche jusqu'au bas de la berge du ruisseau de Wœrth. Mais il n'en est pas moins vrai que les généraux du roi Guillaume ont su abandonner à temps des méthodes qui ne sont plus en rapport avec les armes nouvelles, et que malgré Sadowa nous n'avons pas su agir de même.

Cavalerie :

Les Allemands n'ont pas employé moins judicieusement leur cavalerie que leur infanterie.

Que l'on me permette une seconde fois de rappeler ce que j'ai écrit en 1863, à propos de de cette arme, chapitre VII :

« Que deviennent, d'après ce que nous avons exposé plus haut, les cavaleries de ligne et de réserve? nous le demanderons aux officiers de cette arme qui voudront bien mettre de côté, pour nous répondre, tout esprit de corps. Dans les combats, le jeu de ces beaux régiments consistait à appuyer une aile, à rompre des obstacles, à écraser des colonnes, à enlever des batteries : leur jeu pourrait-il être encore le même? Nous ne le pensons pas. Il sera bien rare que, dans une campagne, l'occasion se présente pour des divisions de cuirassiers de faire trembler le sol sous les pieds de ses vigoureux coursiers de bataille. Mais si le but principal que les grandes puissances militaires de l'Europe se sont toujours proposé en ayant de la grosse cavalerie, vient à manquer, ces puissances consentiront-elles à conserver à grands frais, dans leurs armées, des corps coûteux et presque inutiles? Ce n'est pas probable. Où nos régiments de grosse cavalerie ont-ils pu être sérieusement utiles et agir en grande masse depuis Waterloo?

« Les couleuvrines et les arquebuses ont amené petit à petit la cavalerie du moyen âge, toute bardée de fer, à abandonner successivement quelque partie de son armure défensive. Le canon rayé fera disparaître des troupes modernes les cuirassiers, cette dernière trace des compagnies d'ordonnance de Charles VII.

« La cavalerie, ne pouvant plus opérer que comme cavalerie légère, n'ayant plus d'autre mission que de reconnaître, d'éclairer, de pousser quelques charges en fourrageurs, de sabrer les fuyards, de ramasser les prisonniers à la suite d'une victoire; la cavalerie sera montée, armée, équipée plus légèrement. Ce

ne sera un mal ni pour les finances de l'État
ni pour les armées modernes. Sans doute, et
pendant longtemps encore, les anciens cavaliers déploreront la suppression d'une cavalerie de réserve. Ces beaux escadrons aux cas-
ques et aux cuirasses reflétant les rayons du
soleil, ces solides chevaux, ces hommes de fer
dont les lourds escadrons se montraient im-
posants sur un champ de bataille, types de la
force, de la puissance, de la majesté des grandes nations, seront regrettés par les vieux
soldats, mais il faudra bien en venir à simplifier un rouage désormais plus dispendieux
qu'utile.

« Le rôle et la tactique de la cavalerie, si l'on
admet la vérité de ce que nous avons dit, devront donc être forcément modifiés avant peu
de temps dans les armées modernes. »

Passons à l'emploi de l'artillerie. J'ai écrit,
livre VIe de ma brochure de 1863 :

« Le rôle de l'artillerie, depuis l'invention
des pièces rayées à longue portée et à projec-

tiles creux, est à la fois immense et effrayant (et je ne parlais pas encore des pièces se chargeant par la culasse).

« Déjà, à la fin du premier Empire, l'emploi judicieux du canon en grandes batteries avait compensé l'infériorité numérique et le manque de cavalerie dans les armées françaises. Pendant toute la campagne de 1813, le canon, sous l'habile direction des Drouot, des Lauriston, avait donné des résultats terribles.

« Mais alors l'ennemi avait les mêmes engins destructeurs que nous ; son système d'artillerie ne valait ni plus ni moins que le nôtre. Aujourd'hui, les perfectionnements apportés dans la fabrication des pièces de siége et de campagne, dans les projectiles, ont donné à notre artillerie un avantage momentané qui s'est vivement fait sentir dans la dernière campagne en Italie. Nous devons à ce perfectionnement une partie de nos succès, nous ne saurions le dissimuler. En effet, tandis que les bouches à feu des Autrichiens atteignaient à peine nos premières lignes, nos boulets creux allaient éclater au milieu de leurs dernières réserves ; tandis que leurs boulets et leurs obus n'avaient qu'une justesse médiocre, les nôtres, agissant avec une précision mathématique, démontaient les pièces, brisaient les colonnes, et vomissaient la mort au milieu des dernières positions.

« Mais cet avantage que nous avons eu en 1859, nous ne l'aurons plus dans les prochaines guerres. Une invention du genre de celle des canons rayés ne saurait rester un secret profitable à une seule nation, au détriment des autres. Toutes les grandes puissances militaires du monde ont aujourd'hui ou auront demain transformé leur matériel : c'est donc à armes égales qu'on arrivera désormais, et jusqu'à nouveau perfectionnement, sur le champ de bataille.

« Or quelle sera l'influence de ces terribles engins à l'abri desquels nulle troupe ne saurait se mettre?

« L'infanterie pourra-t-elle s'approcher en colonnes profondes et manœuvrer à quinze cents, à mille mètres de l'artillerie de son adversaire? Pourra-t-elle, sans être désorganisée, franchir des distances ordinaires? Et si l'on adopte les bouches à feu se chargeant par la culasse, c'est-à-dire au tir rapide, que deviendra-t-elle?

« La cavalerie pourra-t-elle également, sans être désorganisée, se masser, se déployer, se former pour charger? Si elle le fait à portée du canon de l'ennemi, elle risque d'être anéantie avant d'arriver sur l'obstacle à vaincre. Si elle le fait hors de la portée du canon, les chevaux n'atteindront l'obstacle qu'à bout de forces et pour s'abattre haletants aux pieds de l'adversaire.

« L'infanterie et la cavalerie, jusqu'ici la *trame* des armées, se trouveront donc forcément céder le pas à l'artillerie. Le rôle de la première deviendra secondaire, le rôle de la seconde se réduira presque aux opérations de la petite guerre.

« L'infanterie, pouvant agir en pays coupé, accidenté, parviendra quelquefois à dérober ses colonnes au feu des pièces de son adversaire ; mais la cavalerie, à laquelle il faut un terrain plat et découvert pour charger en grandes masses, ne pourra que bien rarement placer son sabre dans la balance des combats.

« Lorsqu'à Solferino, la belle cavalerie autrichienne se disposait à charger nos colonnes d'attaque, vers la fin de la bataille, nos projectiles ne vinrent-ils pas atteindre ses lignes et y jeter le désordre ?

« Comment l'infanterie, comment la cavalerie se déroberont-elles aux terribles effets des nouvelles bouches à feu ? Nous ne voyons qu'un moyen pour elles, celui de se couvrir elles-mêmes de leur propre artillerie. Ce ne sera donc qu'après une lutte de destruction, à la suite de laquelle une des deux artilleries, réduite au silence, devra abandonner le combat, que les colonnes pourront se rapprocher, agir et s'aborder.

« On le voit, l'artillerie de campagne est appelée à jouer un rôle capital dans les guerres
futures, et à substituer son action à celle de
l'infanterie, à annihiler presque complétement
celle de la cavalerie. »

VIII

A cela, le *Moniteur de l'armée*, journal offi-
ciel de M. le maréchal ministre de la guerre,
me répondait (mai 1863) par la plume brill-
lante du général Ambert, deux longs articles,
dans lesquels on donne des raisons comme
celles qui suivent que j'extrais mot pour mot
des réponses du général.

« Le chapitre IV est celui de l'infanterie.
Nous y remarquons cette phrase : Il nous a
été donné de voir chez l'armurier Gastine-
Renette, une carabine paraissant destinée à la
cavalerie, qui permet au soldat le moins adroit
de charger et de tirer sans interruption,

d'envoyer six balles à son adversaire à la minute.

« L'auteur considère cette carabine comme un progrès ! *Il n'est pas dans l'armée un seul homme qui ne sache ce que vaudrait à la guerre, un soldat armé d'un instrument* A TIR CONTINU.

« L'auteur semble moins étranger à l'arme de l'artillerie qu'à celle de l'infanterie. Le chapitre VI, intitulé : *Artillerie*, est la glorification des terribles engins et de ceux qui en sont armés. Le mot de ce chapitre, peut-être le mot de l'ouvrage, se trouve là : « L'infan- « terie et la cavalerie, jusqu'ici la trame des « armées, se trouveront donc forcément céder « le pas à l'artillerie. Le rôle de la première « deviendra secondaire, le rôle de la seconde « se réduira presque aux opérations de la « petite guerre. »

« A quelques lignes plus loin le lecteur ne peut s'empêcher de sourire en voyant cette prédiction : « L'infanterie.... parviendra quel- « quefois à dérober ses colonnes au feu des

« pièces de son adversaire ; mais la cavale-
« rie..... ne pourra que bien rarement placer
« son sabre dans la balance des combats... »

« L'auteur termine son œuvre par un chapitre intitulé : *Conclusion*, presque entièrement
dirigé contre la cavalerie ! Nous terminerons
aussi par une conclusion, qu'à l'exemple de
notre honorable adversaire, nous consacre-
rons à la cavalerie.

« En écrivant ces derniers mots, un sou-
venir se réveille en nous. La dernière journée
de l'Empire nous apparaît avec son héroïsme
et sa fatalité. Nous revoyons un épisode de
Waterloo. Les cuirassiers de Milhaud s'ébran-
lent au trot et prennent position entre la
Haye-Sainte et le bois de Goumont. Le mouvement de ces formidables cavaliers, comprenant huit régiments, causa une vive sensa-
tion. Tout le monde crut qu'ils allaient charger et que, dès lors, le moment suprême
approchait. L'armée entière les salua du
cri de : Vive l'Empereur ! et les cuirassiers

répondirent par les mêmes acclamations. »

« L'armée française, cette immortelle armée, pensait donc que la cavalerie allait tout sauver, l'Empire et la France. Ce cri magique, en un tel moment, ce cri de Vive l'Empereur ! envoyé par l'armée aux cuirassiers, qui le répétaient comme un écho de la patrie, nous croyons l'entendre sortir des entrailles de la terre, où sont ensevelis fantassins, cavaliers et artilleurs. Ce cri étouffera toujours en France les vaines clameurs qui s'élèveraient contre l'arme de la cavalerie...

« On a dit que les inventions modernes changeront complétement les méthodes de guerre, et qu'une nouvelle stratégie, une nouvelle tactique, devront être employées pour qu'il soit possible aux armées de résister au feu de l'artillerie. Quelques écrivains dans leur naïf enthousiasme ont été jusqu'à prévoir une révolution semblable à celle que détermina l'invention de la poudre.

« Voyons ce qu'il y a de vrai dans ces opinions, que le public étranger à la science militaire semble disposé à adopter. Les nouveautés ont une grande séduction, et l'on trouve un charme véritable à écouter les histoires merveilleuses. Au public poétique, si nous pouvons ainsi dire, se joint en cette circonstance le public scientifique, singulièrement flatté de cette idée, que la guerre est exclusivement soumise aux mathématiques, à la physique et à la chimie, et que le dieu Mars devra désormais être armé du diplôme du bachelier ès-sciences.

« Qu'est-ce que cela prouve ? » disait un géomètre en entendant la lecture d'une tragédie de Racine. Nous serions tentés de dire aussi : « Qu'est-ce que cela prouve ? » En entendant le récit des expériences faites au polygone, entre le déjeuner et le dîner, par une belle journée du mois de mai, quand le ciel est pur, la plaine vaste, et que l'œil tranquille se promène à l'horizon. L'esprit n'a pas de troubles, l'âme n'a pas d'émotions, et l'homme

aussi bien que la machine sont dans la plé-
nitude de leur puissance.

« Ce n'est pas ainsi que se fait la guerre ;
aussi devons-nous opposer le raisonnement du
soldat à la politique du géomètre.

« Les inventions modernes dont l'influence
se fera sentir sur la guerre sont : l'application
de la vapeur à la navigation, les voies ferrées,
les lignes télégraphiques, la compression des
vivres sous un petit volume, les aérostats et,
enfin, le système rayé d'artillerie, ses projectiles creux dans les combats, et, pour l'infanterie, le fusil à canon transmettra les ordres
des mouvements avec une fabuleuse vitesse ;
les aérostats dévoileront les positions des réserves et les manœuvres cachées par les plis
du terrain ; les cercles d'action de l'infanterie
et de l'artillerie seront extrêmement élargis.

« Tous ces effets, quelque divers qu'ils
soient, appartiennent au même ordre d'idées.
Si, pour exprimer notre pensée par une image,
nous personnifions la guerre dans un guerrier,

nous pouvons dire que le guerrier a désormais
des sens plus complets : sa vue, son ouïe, son
toucher, sa locomotion, ont une puissance
double.

« L'infanterie est la reine des batailles ; elle
le sera toujours, quoi qu'en disent les hommes
irréfléchis qui *promettent* à l'artillerie la première place dans les guerres futures. La pha-
lange macédonienne renversa l'empire des
Perses, et la légion romaine vainquit le monde.
Lorsque le légionnaire fut sacrifié aux machi-
nes, lorsque les catapultes et les balistes se
multiplièrent dans les armées, l'empire s'é-
croula.

« Charles-Quint et Philippe II furent invin-
cibles par leur infanterie. Tombées à Rocroy
et à Lens, les vieilles bandes espagnoles vi-
rent s'écrouler derrière elles la vieille monar-
chie.

« Le chapitre de l'artillerie se termine par
cette conclusion : « On le voit, l'artillerie de
« campagne est appelée à jouer un rôle capi-

« tal dans les guerres futures et à substituer
« son action à celle de l'infanterie, à annihiler
« presque complétement celle de la cavale-
« rie. »

« Pourquoi parler des guerres *futures*, tandis que nous avons les guerres *présentes :* la
guerre qui se fait en Amérique et celle qui se
fit en Italie (1).

L'artillerie est une arme offensive et défensive; elle a su atteindre une extrême mobilité,
et nous l'avons vue arriver la première dans
des changements de front, au galop de la cavalerie.

« Si les batteries d'artillerie ne s'enlevaient
pas, leur rôle serait par trop cruel. Heureusement les batteries s'enlèvent. Nos cuirassiers
ne l'ont pas plus oublié que nos grenadiers.

« Tout sous-lieutenant sait que l'infanterie

---

(1) Pourquoi, général ? dirai-je à mon tour; parce que les
guerres que vous appeliez alors *futures*, et qui depuis un an
sont les guerres passées, ne devaient pas se faire comme au-
trefois. Je l'avais compris en 1863, mais non pas vous et bien
d'autres, malheureusement !

parcourt 600 mètres en sept minutes au pas accéléré, en trois minutes au pas de course : il n'ignore pas non plus que la cavalerie en deux minutes, au galop, franchit ces 600 mètres. Malgré les morts et les blessés, on aborde donc la batterie.

« Le canonnier se fait tuer sur ses pièces. Les troupes de soutien de l'artillerie, fantassins et cavaliers, se battent pour défendre les pièces qui leur ont été confiées.

« Mais avec les progrès du tir, les batteries d'artillerie pourront-elles être appuyées comme elles l'étaient auparavant? Nous ne le pensons pas. Le danger de destruction serait trop grand pour les troupes de soutien qui deviendraient victimes de l'artillerie opposée.

« Dès lors un nouveau soin sera donné à la cavalerie de ligne : l'enlèvement des batteries. Ce service sera celui des escadrons de lanciers. Par cela même que l'artillerie aura une puissance nouvelle, les combattants, fantassins et cavaliers, se précipiteront sur l'artillerie, qui sera bien plus attaquée et moins bien défendue qu'elle ne l'était dans les campagnes passées.

« L'artillerie est devenue cavalerie, c'est-à-dire alerte, rapide, mais son sabre reste dans le fourreau. Préoccupée de frapper au loin, elle pourrait être frappée de près, si elle n'avait le sabre du cavalier.

« Diminuer la cavalerie serait donc affaiblir l'artillerie.

« *Les progrès matériels de l'artillerie ne changeront pas la tactique de cette arme.* Elle atteindra plus loin ; à un moment donné, les effets seront plus désastreux, mais on *n'augmentera* pas plus l'artillerie qu'on ne *diminuera* la cavalerie. Le maximum sera, a dit Napoléon Ier, de 4 pièces par mille hommes, car, au delà, l'embarras du matériel dans les marches dépasserait en inconvénients les avantages du moment de l'action (1)...

(1) Voilà comme on raisonnait dans les sphères élevées de l'armée en 1863.

. « Une expédition se préparait. Bugeaud rassemble, pour une marche, la petite armée qu'il allait bientôt conduire à l'ennemi. Dans sa revue, le général remarque une nombreuse artillerie, fort belle d'ailleurs et de plus excellente. Mais cette artillerie est hors de proportion avec les autres troupes. Le général réunit les officiers.

— Pourquoi tant d'artillerie ? demande Bugeaud.

— C'est, lui dit-on, pour tenir les Arabes à distance ; je veux au contraire, les approcher à la baïonnette et au sabre ; nous devons nous voir au visage. Ramenez ces batteries à Oran, et ne conservez que le nécessaire pour la guerre tactique.

« Les Arabes n'avaient cependant pas d'artillerie ; aussi avions-nous augmenté la nôtre. Ce pouvait être une preuve d'esprit, mais l'esprit ni même la science ne remplacent à la guerre l'art de la tactique.

« En effet, Bugeaud approcha les Arabes, et,

en les approchant, il les vainquit. La bataille
où Bugeaud conquit son duché fut une bataille
tactique où l'infanterie et la cavalerie manœu-
vrèrent. L'artillerie eut sa part, mais sans
tenir les Arabes à distance...

« Les puissances qui, par une économie
mal entendue, ou pour tout autre motif, ont
supprimé leurs cuirassiers, les reprendront
après la première bataille où, pour leur mal-
heur, leurs troupes auront rencontré des cuirassiers français. Ce ne sera ni la première ni
la dernière leçon que recevront de notre armée *les armées qui tentent de nous devancer dans
la voie des changements.*

« Nos adversaires consentent à conserver
quelque cavalerie légère, montée sur de petits
chevaux, armée du revolver, coiffée du képi,
et sans mission tactique dans les batailles.
Napoléon Ier, au contraire, n'avait jamais assez
de cuirassiers. Sa pensée s'arrêtait sur les
moyens d'en augmenter le nombre.

« On a dit que le tir de l'artillerie amoindrirait l'action de la cavalerie, et que cette arme cesserait d'avoir un rôle tactique. On a dit que l'infanterie serait une arme secondaire, subordonnée à l'artillerie, qui deviendrait l'arme principale. Ces opinions étaient basées sur les expériences du polygone. Ce qui est vrai au polygone l'est moins sur le champ de bataille; souvent les épreuves de la guerre donnent de terribles démentis aux formules algébriques. »

Je n'ai pas emprunté un aussi grand nombre de citations à la réponse que l'honorable général Ambert voulut bien faire en 1863 à ma brochure, pour la vaine satisfaction de constater que je voyais malheureusement trop juste, mais bien pour établir qu'en France nous sommes les mêmes à toutes les époques.

Depuis Bayard et les hommes d'armes de François Ier, jusqu'aux grenadiers du premier Empire, c'est toujours la même répulsion pour les études sérieuses, et pour l'adoption de nouveaux errements, de nouvelles méthodes nécessitées par le progrès.

Ainsi, qu'il soit donc bien constaté qu'en 1863, alors que la Prusse était armée du fusil à tir rapide, nos ministres de la guerre, nos sommités militaires, n'entrevoyaient même pas les conséquences forcées de l'arme à feu se chargeant par la culasse et riaient à gorge déployée à l'idée du fantassin armé du fusil *à tir continu*.

Je n'avais pas tort non plus en écrivant, dès 1863, que les fils des cavaliers de Marengo, d'Eylau, de Wagram, de la Moscowa, de Waterloo, sont toujours dignes de leurs pères. Ces braves gens l'ont prouvé à Frœschwiller et à Sedan. Les cuirassiers se sont fait tuer à la première de ces deux batailles, dans l'espérance de retarder la marche du vainqueur; les chasseurs, dans la seconde, pour essayer de rompre l'infanterie allemande. Dans l'une et l'autre action, ils sont morts héroïquement fauchés par le canon.

Les magnifiques cuirassiers de Frœschwiller ont-ils eu plus de succès dans cette
glorieuse défaite que les chasseurs d'Afrique
des Margueritte et des Galiffet à Sedan ?

Les uns et les autres ont-ils pu joindre l'ennemi et lui faire sentir la pointe de leurs
sabres? Cette belle cavalerie n'eût-elle pas été
employée plus judicieusement, n'eût-elle pas
été, si l'on veut, sacrifiée plus utilement si
son rôle eût été modifié et si l'on se fût servi
d'elle comme les Allemands ont fait de la
leur?

Qu'on en juge par le récit d'un officier em-
mené en Allemagne, et ayant eu occasion de
voir une grande partie des troupes ennemies.
Voici ce qu'il nous écrivit en arrivant à sa
destination :

« Fait prisonnier à A..., on me conduisit
d'abord à B..., puis à C... Je pus voir pendant
le trajet la façon dont les Prussiens s'éclairent.
Les dispositions qu'ils prennent dans ce but
méritent d'être rapportées.

« Toutes les issues du village de B..., ma première station, étaient gardées par quelques uhlans. Un demi-escadron se tenait à l'entrée du village en dehors des maisons et caché à la vue de nos reconnaissances. On faisait apporter là, aux hommes, des vivres que les cavaliers prenaient sans descendre de cheval.

« Près du village de B..., la petite ville de X... était aussi occupée par un demi-escadron dont les cavaliers sans cesse en mouvement, et marchant par deux, reliaient les deux demi-escadrons.

« Un officier, ayant aux mains une feuille de notre bonne carte d'état-major dont tous nous manquions, dont nous n'avions pu nous procurer des exemplaires, même avec notre argent, dictait à un sous-officier, commandé pour une reconnaissance, les noms des villages qu'il devait traverser pour se porter sur la route objet de sa mission.

« A gauche de la route de B...; dans un

petit bois non loin de la ville, je vis un escadron dont les hommes, pied à terre, tenaient leurs chevaux par la figure, la bride au bras. Seuls les officiers se montraient à la lisière du bois. A deux kilomètres plus loin, derrière un autre bois, campaient une brigade et une batterie. Un peu plus loin encore, une division et de l'artillerie. Toutes ces troupes étaient nonseulement reliées, mais entourées par de la cavalerie toujours en mouvement et se maintenant hors de la vue de leurs adversaires. »

« Toute surprise était ainsi rendue impossible. Les Allemands emploient fort judicieusement la majeure partie de leur cavalerie et ils s'en trouvent fort bien, car moyennant le sacrifice de quelques uhlans ou cuirassiers, surpris par hasard, tués ou enlevés, ils sont prévenus à temps de nos mouvements, et n'ignorent jamais ce que nous deverons, tandis que nous sommes dans une perpétuelle incertitude sur leur position, tandis que chaque jour nous éprouvons des alertes et des surprises? »

Je ne veux pas conclure de cela que la cavalerie ne doit jamais charger, mais je crois
que les grandes charges en ligne ou en colonne
seront de plus en plus rares et presque jamais
exécutées sur une infanterie pourvue de cartouches et pouvant tenir ; je crois que les
charges auront autant de chances de succès,
opérées par des cavaliers légers que par des
cavaliers lourdement armés ; je crois que les
premiers, chose des plus essentielles aujour-
d'hui, pourront conserver le galop à fond de
train plus longtemps que les seconds.

IX

Ce que je ne soupçonnais pas en 1863 sous
le rapport du matériel, c'est que la France res-
terait dans un état d'infériorité immense vis-
à-vis une puissance étrangère, tandis qu'elle
avait la possibilité de transformer, comme
elle, ce matériel. Ce que je n'aurais jamais pu
admettre et ce que nous avons appris à nos
dépens, c'est qu'un ministre de la guerre, officier d'artillerie de mérite, au dire des officiers
de son arme, ne se donnerait pas la peine
d'étudier à fond une question vitale.

M. Le Bœuf a agi pour l'artillerie comme
M. Randon pour la cavalerie, et sans M. Niel,
il est fort possible que notre infanterie se fût

trouvée encore armée en 1870 avec le fusil se chargeant par la bouche.

Nous avons donc commis en 1870 la même faute que les Autrichiens en 1866. Ces derniers avaient vu, sans s'en rendre compte, pendant la campagne du Danemark, les effets du fusil se chargeant par la culasse ; nous n'avons pas voulu reconnaître, en 1869, après avoir pu étudier le matériel prussien à l'Exposition universelle, la nécessité de transformer notre artillerie.

On trouve dans le livre de *Sedan*, par le général de Wimpffen, de curieuses révélations à cet égard. Voici ce que l'officier de l'armée de Metz, dont nous avons parlé plus haut, nous écrivait en septembre 1870 :

« De là aussi nous pûmes voir combien le tir de notre artillerie était insuffisant. Nos projectiles n'arrivaient pas jusqu'aux batteries ennemies et plus d'un obus prussien éclata jusque sur le plateau de Grimont où j'étais. Seul, le fort Saint-Julien, avec une précision merveilleuse, jetait le trouble dans l'artillerie ennemie. Ses pièces de 24 tirèrent à 5,000 mètres, avec une précision telle, que par trois fois nous vîmes des bataillons prussiens disloqués et dans l'impossibilité de se former en plaine à la lisière du bois. »

Ainsi donc, il fallait du 24 français pour contrebattre des *bouches à feu de campagne* allemandes ?

Nous avons dû une *partie* de nos succès contre l'Autriche, en 1859, à la supériorité de notre matériel d'artillerie sur celui de nos adversaires ; la Confédération du Nord, en 1870, a dû *tous* ses succès obtenus sur nous à la supériorité de ses bouches à feu, non-seulement de campagne, mais encore de siége.

En effet, grâce à la portée, à la précision, à la rapidité de tir de son artillerie, l'armée allemande a pu se dispenser, en quelque sorte, d'assiéger les villes.

Elle a fait venir, par les voies rapides, à grands frais (sachant bien que si elle avait le dessus, les battus payeraient); elle a fait venir des bouches à feu d'un calibre et d'une portée inconnus jusqu'à ce jour ou plutôt inusités (car on les connaissait en France et on en riait). Au moyen de ces pièces mises en batterie *hors de la portée* de nos propres canons, elle a écrasé nos villes, sans pitié, et sans se donner même la peine d'ouvrir des tranchées et des parallèles, si ce n'est pour placer ses bouches à feu.

C'est ainsi qu'elle a réduit nos meilleures places : Strasbourg, etc.

Donc l'art de l'attaque et de la défense des places se trouve complétement modifié par suite de l'adoption des armes nouvelles, ce que la Prusse a compris avant nous et à nos dépens.

Or, puisque les enceintes continues et les ouvrages extérieurs d'une place aujourd'hui beaucoup trop rapprochée des maisons, ne peuvent garantir les maisons d'un bombardement, il est bien évident que le système actuel

n'est plus applicable et qu'il faut le modifier.
C'est encore ce que les Prussiens ont admis
avant la guerre.

En 1863, j'écrivais que, au point de vue militaire, l'enceinte continue de Paris n'avait pas
raison d'être. Plus que jamais je persévère
dans mon opinion.

Les forts détachés et non l'enceinte continue
ont seul retardé le bombardement de Paris,
sans l'empêcher. — L'enceinte continue a em-
pêché longtemps les troupes de Versailles de
rentrer dans Paris. Pourquoi?

Parce que les Prussiens, dans le premier
siége, ne se piquaient pas de ménager nos
monuments et notre capitale, comme nous
l'avons fait à Rome; ce sont pour eux détails
au-dessus desquels ils se placent. Parce que,
dans le second siége, nous étions obligés à
beaucoup de ménagements, nous les assié-
geants.

Quant à la question d'investissement de Paris si complète au premier siége, qu'une lettre

ne pouvait franchir l'enceinte, nous ne la traiterons pas ici, elle nous entraînerait trop loin. Elle est à renvoyer à MM. Trochu et Ducrot, pour qu'ils l'expliquent s'ils sont assez habiles pour le faire, et pour qu'ils disent comment trois ou quatre cent mille hommes venant de l'extérieur ont pu s'emparer sans coup férir du plateau de Châtillon et former une ligne de fer *infranchissable*, sur un péri-mètre de seize lieues de développement, lorsque dans Paris se trouvait une garnison des plus braves, des mieux disposées, montant à plus de cinq cent mille combattants ?

Pour donner une idée de la manière intelligente en toute chose ; de la façon dont l'étude de l'art de la guerre a été poussée chez nos adversaires, je citerai encore l'extrait d'une lettre de l'officier prisonnier dont j'ai déjà eu l'occasion de parler :

Voici ce que cet officier m'écrivit en septembre 1870.

« Les Prussiens campent toujours derrière

un bois de façon à être complétement masqués à la vue de l'ennemi. La nuit, ils n'allument pas de feu de bivouac. Ils ne font, le jour, que le feu strictement nécessaire pour cuire les aliments.

« Avant d'être fait prisonnier, j'avais parcouru le pays une grande partie de la nuit. La disposition du terrain ne s'opposait pas à ce que j'y visse briller la flamme des feux prussiens, s'ils en eussent allumé. Or, bien que j'aie plongé continuellement mes regards sur tous les points de l'horizon, je n'ai rien vu, tandis que j'apercevais parfaitement, sur une ligne de 4 à 5 lieues, le feu de notre armée. Ces feux ont dû être une indication précieuse pour nos adversaires.

« Toutes les troupes allemandes sont reliées par des partis de cavalerie dont les hommes circulent, sans discontinuation, sur les routes.

« A D..., je trouvai un régiment de cavalerie, dont le colonel reçut fort bien les officiers prisonniers. Il nous fit même donner à déjeuner.

7.

Son corps d'officiers fut très-aimable pour nous. Tous avaient l'air distingué. Leur tenue, d'une propreté extrême, montrait la plus exacte régularité, bien qu'ils fussent comme nous en campagne depuis six semaines. Pas de ces dérogations au règlement, pas de ces additions anormales à l'uniforme, dont nous ne nous faisons nullement faute.

« Pendant le trajet de B... à C... je vis défiler plusieurs divisions allemandes. Ces troupes marchaient par quatre au pas cadencé, l'arme sur l'épaule et dans un ordre parfait. Pas de traînard, pas d'officier hors de sa place, chacun et tous au poste réglementaire. Derrière chaque bataillon, suivaient les brancardiers, les infirmiers également par quatre; derrière le régiment les ambulances; derrière la division, son artillerie, puis un équipage de pont de bateaux en tôle parfaitement organisé. Les hommes étaient sans sacs.

« L'officier de uhlans qui nous conduisait nous dit que les sacs étaient sur des voitures, mais que cela était tout à fait exceptionnel.

« J'admirai, malgré moi, l'attitude de ces soldats. On eût cru voir défiler une troupe d'élite dans les rues d'une ville, un jour de grande revue. J'avais devant moi, il est vrai, des régiments de la garde royale.

« Sur la rive droite d'une petite rivière, dans de vastes prairies, je vis un corps d'armée campé dans le meilleur ordre. Des poteaux indicateurs marquaient à l'avance les emplacements des troupes non encore arrivées au bivouac.

« Les hommes étaient occupés à se faire des abris avec des branches qu'ils coupaient dans les haies et aux arbres. Chaque soldat avait sa marmite. Ils font dans le sol de petites tranchées de vingt centimètres de profondeur, et y placent le foyer. La marmite individuelle est établie au-dessus. Ces marmites méritent qu'on parle d'elles. Elles ont un double couvercle. Entre les deux, le troupier met son pain et sa ration de lard, car chacun d'eux a toujours

avec lui son morceau de lard. Aussi, n'en voit-
on pas comme dans nos armées, s'éloigner des
rangs, mourant de faim, pour se procurer à
droite et à gauche des vivres.

« Les corps bavarois sont les moins bien
disciplinés et les plus grossiers de l'armée de
la Confédération. J'ai vu beaucoup des soldats
de cette nation, la bouteille à la main et même
ivres. L'officier de la garde qui commandait
notre escorte et qui avait remplacé celui des
uhlans auquel nous nous plaignîmes des in-
sultes qu'ils vomissaient contre nous en passant
nous dit : « Nous avons peu d'estime pour les
Bavarois, ce ne sont pas de bons soldats. »

« Ceci semble expliquer pourquoi on met
si souvent les deux corps bavarois, en avant,
pendant cette guerre.

« Les Prussiens n'étaient pas fâchés de les sacrifier. Aussi l'armée bavaroise a-t-elle perdu
beaucoup de monde.

« Arrivé à la halte, l'officier dont je viens de
parler nous fit servir à déjeuner. Pendant que

nous étions à table, l'hôtesse entra en criant qu'un soldat voulait lui prendre son vin. L'officier sortit aussitôt, puis il revint en disant : Ce n'est point un soldat, c'est un cantinier. Les premiers n'ont pas droit de réquisitionner directement, et lorsqu'ils prennent, nous sommes autorisés à leur casser la tête d'un coup de revolver.

« Pendant le reste de la route, nous causâmes longuement avec notre jeune lieutenant de la garde. Il nous parla de la portée et de la justesse du chassepot, nous expliqua le mécanisme du fusil à aiguille, nous fit voir la cartouche de cet engin, et parut fort étonné d'apprendre qu'à Frœschwiller nous n'étions qu'une trentaine de mille hommes.

« De temps à autre, les soldats de notre escorte tiraient du double couvert de leur marmite un morceau de lard qu'ils mangeaient avec un flegme tout germanique. Puis ils allumaient leur pipe de porcelaine et la fumaient avec un contentement visible.

«A C..., nous trouvâmes un commandant d'étape, qui nous fit donner une nouvelle escorte, composée de soldats de la landwerh. Leur uniforme ne différait de ceux de la ligne que par une croix remplaçant l'aigle sur le casque. Les commandants d'étapes sont des officiers, du grade de capitaine, que l'on établit sur la grande ligne d'opération, à huit ou dix lieues les uns des autres, dans des localités convenables. Ils sont chargés de transmettre les ordres et d'assurer la marche des détachements ou des convois.

« On nous dirigea par cette grande ligne d'opération, et nous y vîmes un télégraphe de campagne. C'est un fil disposé sur des supports mobiles enfoncés en terre, ayant de 3 à 4 mètres de hauteur et éloignés l'un de l'autre de 50 à 60 mètres. Lorsqu'il y a des arbres le long des routes, on a soin de les utiliser.

« Nous passâmes la nuit à P..., petite ville où les chasseurs d'Afrique s'étaient acquis un tel renom de bravoure par quelques faits de guerre pleins d'audace, que jamais un détachement, un escadron, un régiment de uhlans, ne se hasardait à entrer dans un village avant de s'être assuré d'abord qu'il n'y avait pas de chasseurs d'Afrique dans les environs.

« A la gare de P..., on nous fit monter dans un wagon de deuxième classe du matériel prussien. Nous nous y trouvâmes avec un jeune médecin civil allemand, appartenant à la Convention de Genève. Il nous avoua qu'il était un peu honteux de porter le brassard, tant on avait abusé de ce signe pour éviter le danger.

« A N..., le train s'arrêta une heure. Les dames de la ville donnèrent à chacun de nous un petit sac de serge verte contenant une chemise, des chaussettes, deux mouchoirs, un verre, un couteau, un crayon, du papier à lettres et des cigares. Le cadeau me parut royal.

« Elles le faisaient à chaque officier prisonnier passant par leur ville. »

A ces quelques détails donnés sur les usages de l'armée de la Confédération, j'ajouterai qu'il y a dans cette armée une habitude que l'on devrait bien adopter dans la nôtre.

Les officiers généraux ne s'éloignent jamais de leur troupe en cantonnement au camp et au bivouac. A la porte de leur habitation, de leur tente, il y a sans cesse, nuit et jour, un poteau indicateur qui fait connaître la qualité de celui qui s'y trouve, le corps, la division, la brigade qu'il commande. Sur le terrain, ce même officier général se tient à sa place de bataille, en sorte que sans cesse un officier porteur d'un ordre peut le trouver et lui transmettre cet ordre.

Que l'on compare cette manière d'agir avec le sans-façon de beaucoup de nos généraux, dont une grande partie se croient le droit d'abandonner, et sur le terrain et en station, au bivouac, au camp, brigade, division, corps d'armée, pour s'en aller choisir, à plusieurs kilomètres de leurs troupes, un gîte plus agréable.

Je connais plusieurs officiers d'état-major ayant perdu une journée pour trouver un commandant de corps et lui porter un ordre urgent; j'en sais d'autres qui ont été faits prisonniers en courant à droite ou à gauche à la recherche d'un officier général.

Sur le champ de bataille, la plupart du temps l'officier général français croit faire merveille en se plaçant, bien en évidence, sur le point le plus dangereux, ne réfléchissant pas que, s'il est tué, sa mort amènera presque toujours de la perturbation dans les rangs des troupes qu'il commande. Or, plus son commandement est important, plus sa présence sur le terrain est nécessaire.

Le général allemand, au contraire, reste à sa place de bataille, ne perd pas de vue les troupes dont il a la direction, songeant moins à acquérir un renom de bravoure qu'il a dû conquérir dans les grades inférieurs, qu'à tenir dans

sa main ses régiments, à recevoir et à exécuter en temps opportun les ordres qu'on aura
à lui transmettre.

Il faut que, tout en conservant notre caractère français, on s'habitue, dans notre armée
dont la vaillance n'a jamais été mise en doute
(aujourd'hui surtout), à jouer le jeu général de
tous, beaucoup plus que le jeu particulier de
chacun. Briller et avancer, voilà ce dont on
s'inquiète, au lieu de penser à l'intérêt de l'armée, de la patrie.

On a beaucoup attaqué les actes de l'intendance pendant cette dernière guerre. On a dit
que ce corps n'avait su rien prévoir et n'avait
pas fourni de vivres à nos troupes. Il peut y
avoir du vrai dans ce reproche, nous ne nous
chargeons pas de prendre en main la défense
de ce corps admirablement bien composé,
mais sait-on ce qui s'est passé en différentes
occasions? Sait-on, par exemple, que dans la
marche de Châlons sur Sedan, mainte et
mainte fois des convois assez importants pour

fournir des vivres à des corps entiers, pendant plusieurs jours, ont été enlevés, pillés, par nos propres soldats, des généraux n'ayant pas voulu donner, malgré la demande des intendants, des escortes suffisantes? Ignore-t-on que souvent, le soldat ayant reçu la veille ses quatre jours de vivres, les consomme en partie dans la journée et jette le lendemain matin ce qui lui reste en partant du bivouac, pour ne pas porter ses rations?

Jamais des faits de ce genre ne se produisent dans l'armée prussienne, pour deux raisons :

1° Les chefs veillent, sont inflexibles et ont des pleins pouvoirs pour assurer la discipline.

2° Les soldats sont rompus à cette discipline et ne sont pas gangrenés par les idées absurdes du socialisme, du communisme et autres utopies.

Le lendemain de Frœschwiller, un officier français se rendant aux ambulances a vu, de ses propres yeux vu, les soldats allemands fai-

sant l'exercice sur le champ de bataille, en-
jambant les cadavres, non encore ramassés, et
manœuvrer comme on manœuvre en pleine
paix dans la cour de la caserne ou au polygone !...

Voulons-nous vaincre à notre tour, et revenir au temps où la victoire n'abandonnait
jamais nos drapeaux : aux mots honneur et
patrie, devise de la décoration française,
hâtons-nous d'ajouter ceux-ci :

Ordre, instruction, discipline.

X

J'ai cherché à expliquer de mon mieux les
conséquences forcées de l'adoption des nouvelles armes à feu, dans les guerres extérieures;
les modifications quasi radicales à introduire
dans l'organisation des troupes, dans leur emploi, dans les manœuvres et opérations tactiques; voyons maintenant quelles doivent être
les conséquences de ces armes dans les guerres
intérieures, guerre de rues, émeutes, tentatives de révolutions.

Tant que les gouvernements auront la sa-
gesse de ne pas sacrifier à certaines utopies
irréalisables partout, mais surtout en France;
tant qu'ils n'armeront pas les masses; tant

qu'ils n'auront pas à leur tête de prétendus
hommes politiques de l'espèce de M. Jules
Favre, ne comprenant pas le danger d'avoir
à côté de l'armée, sauvegarde de l'honneur et
de la tranquillité, une autre armée de gens
hantant les bouges et toujours prête au désordre, au pillage, n'ayant d'autre but que de
pêcher en eau trouble, on peut être rassuré.
Avec et au moyen des armes nouvelles, toute
révolution venant d'en bas échouera, parce
que toute insurrection, toute émeute dans la
rue, au moyen de barricades, de fusillades est
absolument impraticable.

Pour que la guerre des rues devînt possible,
il faudrait que l'armée faillît à son devoir. Que
l'on consulte l'histoire de notre malheureux
pays, et l'on verra que l'armée bien comman-
dée a toujours obéi. Si quelques exemples ont
ici donné, en ces derniers jours, des soldats
se rangeant du côté de l'émeute, c'est une
exception qui confirme la règle; et si l'on voulait remonter aux causes, on trouverait peut-

être que les plus coupables ne sont pas les hommes égarés qui ont abandonné le drapeau de l'honneur.

En 1830, les six mille hommes de la garde royale et les Suisses se sont fait écharper dans Paris soulevé, pour défendre le trône et l'autel.

En 1848, il a fallu que le roi Louis-Philippe et les jeunes princes, ses enfants, abandonnassent cette brave armée et lui fissent ordonner par ses généraux de ne pas se défendre, pour qu'elle se retirât dans ses casernes. En 1851, le président s'étant montré résolu, vigoureux, marchant à sa tête et s'exposant le premier, elle a fait sans hésiter le coup d'État auquel, quoi qu'on en puisse dire aujourd'hui, la France honnête applaudit alors des deux mains.

Mais, nous dira-t-on, si en 1830, en 1848 et même, pour remonter plus haut dans notre histoire, le 10 août, l'armée a eu le dessous, pourquoi ne l'aurait-elle pas aujourd'hui, et ne serait-elle pas encore une fois engloutie sous le flot populaire?

Pourquoi? Nous allons le dire.

Depuis 1868, nos troupes sont pourvues d'engins nouveaux qui sont aux anciens, à ceux dont l'émeute peut être pourvue, ce que la flèche des Américains de Montezuma était aux armes à feu des Espagnols de Pizarre.

Depuis le canon rayé à projectiles creux éclatant, et portant la mort à 2 et à 4 kilomètres; depuis le chassepot, envoyant sa balle avec une précision,— qui n'est égalée que par la rapidité du tir, — de 500 à 1,000 mètres, une troupe peu nombreuse saura facilement, en quelques minutes, avec des munitions renouvelées, balayer complétement une rue, un boulevard, tandis que le canon détruira en un instant les barricades les plus solides et les laissera veuves de leurs défenseurs.

Que l'on ne s'y trompe pas, c'est bien au chassepot et à l'artillerie nouvelle que Paris devra désormais, sans doute, l'absence de toute émeute sérieuse. La garde nationale désarmée sur tous les points, dans tous les grands centres, en France, les révolutions faites par les masses inintelligentes et perverses ne sont plus à craindre. Sans la juste frayeur qu'inspirent ces engins destructeurs, nul doute que les irréconciliables, les sociétés secrètes, les adeptes de l'Internationale, sur pied depuis le convoi de Louis Noir, depuis le règne de la Commune, ne tentent encore l'aventure. Mais *saint Chassepot* est là, et c'est un saint fort respecté du parti démagogique.

Aujourd'hui on peut, avec quelques bataillons bien approvisionnés, dans Paris et partout, obtenir des résultats que l'on n'était pas sûr, jadis, d'avoir, militairement parlant, avec des divisions entières.

Le moyen, à un flot populaire, quel que soit son intensité, de ne pas être renversé, détruit en peu d'instants, si l'on est décidé à agir avec vigueur et à employer les nouvelles armes à feu à tir rapide ?

Le 10 août, les Suisses au Louvre et aux Tuileries, la garde royale, en juillet 1830, eussent,
malgré leur petit nombre, culbuté facilement
en une demi-heure toute la population soule-
vée, si ces troupes eussent été armées du chassepot, de canons rayés; mais avant tout si les
rois Louis XVI et Charles X eussent été résolus
à se défendre. En février 1848, il ne fallait que
donner des ordres aux 40,000 soldats prêts à
agir et ne pas leur prescrire de mettre la crosse
en l'air.

Aujourd'hui, ce n'est plus le souverain, ce
n'est plus la forme du gouvernement qui sont
en jeu, c'est la propriété, la famille, la société
tout entière qui a failli sombrer sous le délire
de la Commune, parce qu'on avait commis la
faute insigne de laisser la population armée.
Nous aimons donc à penser que l'autorité,
quelle qu'elle soit, saura faire son devoir, à
l'avenir, et que la société n'a plus de danger à
courir sous ce rapport.

Les gens de l'émeute se rendent fort bien

compte de la vérité que nous avançons. Aussi tous leurs efforts tendent-ils, — comme ils le disent, — à caresser, à *travailler l'armée*. Malheureusement pour eux et heureusement pour les hommes d'ordre, ils sont impuissants à faire sortir nos braves soldats du sentier de l'honneur et du devoir. Toutes leurs tentatives sont infructueuses. A peine peuvent-ils débaucher quelques rares déserteurs, voleurs ou hommes tarés ; et dès qu'ils élèvent la voix pour vanter le triomphe qu'ils ont obtenu, voulant rendre solidaires les corps dont ces malheureux ont fait partie, ils reçoivent de tous les soldats, de tous les sous-officiers, de tous les officiers le démenti le plus formel.

Si messieurs des journaux irréconciliables, si les citoyens des clubs forcenés savaient ce qu'il faut de soin, de surveillance aux chefs de notre armée pour retenir les militaires, afin de les empêcher de tirer vengeance, euxmêmes, des calomnies dont l'armée est abreuvée dans leurs feuilles démocratiques, dans leurs réunions socialistes, ils seraient sans doute fort étonnés du peu de succès de leur propagande.

Pour en revenir à l'émeute, aux troubles dans Paris, à la guerre des rues, que beaucoup de gens redoutent, nous allons essayer de rassurer les plus timides, en leur faisant connaître sur quelles forces le pouvoir peut compter pour repousser l'attaque, la violence de l'Internationale et la Commune, cet ignoble et sanguinaire gouvernement que nous avaient donné les Rochefort, les Flourens, les Tibaldi et autres ambitieux dévoyés.

Il y a aujourd'hui dans Paris ou dans un rayon de huit kilomètres, deux corps d'armée ou six divisions d'infanterie, deux brigades de cavalerie, une division de même arme, avec artillerie divisionnaire, quelque chose comme quarante mille hommes, deux mille chevaux et quinze batteries de campagne.

Autour de Versailles, aux camps de Satory, de Saint-Germain, de Roquencourt, il y a deux

autres corps et une division de cavalerie; plus
la division d'infanterie Metmann du corps
mixte ayant le numéro trois.

Voilà donc encore une quarantaine de mille
hommes prêts à entrer en ligne.

Enfin dans Paris se trouvent la garde répu-
blicaine, deux régiments ou plutôt deux lé-
gions, cinq mille hommes ; le régiment des
sapeurs pompiers, près de deux mille hommes,
nne dixaine de mille de gardiens de la paix
fractionnés en plusieurs bataillons, hommes
vigoureux et sur lesquels on peut compter.

A Versailles il y a aussi d'autres gardiens de la paix et un régiment de gendar-
merie.

Il est hors de doute pour tout militaire,
qu'aujourd'hui, grâce aux armes nouvelles,
on peut, avec la dixième partie de ces forces.
faire respecter l'ordre, maintenir des grandes
villes, forcer des populations nombreuses
comme celle de Paris et de Lyon à rester dans
le devoir, si le commandement ne faiblit pas

8.

et apporte immédiatement la répression là où se produit le trouble.

Jusqu'à présent plus d'une révolution s'est produite en France, à la suite d'une émeute à Paris. Chaque fois que l'émeute a été combattue dès le principe avec vigueur, tout a été vite apaisé. Toutes les fois que dans les sphères élevées du pouvoir on a tergiversé, mis de l'hésitation, le mal s'est aggravé en peu de temps et le gouvernement a été renversé.

Il faut, pour forcer à l'ordre les hommes de désordre, comme pour le malade, agir dès le principe.

TABLE

FIN DE LA TABLE

F. Aureau. — Imprimerie de Lagny.